Uta Reimann-Höhn

Welche Talente und Begabungen hat Ihr Kind?

HERDER spektrum

Band 5850

Das Buch

Jedes Kind hat seine Stärken – Dinge, die es besonders gut kann, Talente und Begabungen: Ressourcen, die Selbstbewusstsein schaffen und die es zu finden und zu nutzen gilt. Begabungen treten nicht in jedem Fall offenkundig zutage. Bei manchen Kindern entwickeln sie sich erst im Laufe der Zeit. Neben einschlägigen Begabungen etwa fürs Rechnen, Malen oder Musizieren gibt es auch besondere Stärken im Umgang mit anderen Menschen oder im Sich-Bewegen. Uta Reimann-Höhn, erfahrene Pädagogin und Elternberaterin, zeigt zunächst, welche Möglichkeiten es gibt, Talente zu erkennen – im letzten Vorschuljahr, aber vor allem auch im Grundschulalter: An erster Stelle steht jeweils das Beobachten des Kindes; ab dem Grundschulalter können auch Tests herangezogen werden, um das Begabungsprofil zu erkennen. Neben Checklisten und Tests bekommen Eltern konkrete Tipps dazu, wie eine bestimmte Begabung gefördert werden kann – altersgemäß und mit Rücksicht auf das individuelle Entwicklungstempo des Kindes. Zuviel Förderung überfordert und erzeugt Druck. Auch für Eltern von Kindern, die lange Zeit „allzu normal“ erscheinen, besteht kein Anlass zur Sorge: Oft entwickeln Kinder erst spät besondere Stärken. Ein Ausblick auf die Zeit der Pubertät und Informationen zum Thema Hochbegabung runden den handlichen, praxisnahen Ratgeber ab.

Die Autorin

Uta Reimann-Höhn, Dipl.-Pädagogin, Geschäftsführerin der „Arbeitsgruppe pädagogische Lernförderung e. V.“ in Wiesbaden sowie Chefredakteurin von „Lernen und Fördern mit Spaß“ und „www.lernfoerderung.de“.

Uta Reimann-Höhn

Welche Talente und Begabungen hat Ihr Kind?

Mit vielen Tests und Checklisten

HERDER
FREIBURG · BASEL · WIEN

Fotos S. 23, 27, 29, 45, 125:
Uta Reimann-Höhn

Gedruckt auf umweltfreundlichem,
chlorfrei gebleichtem Papier

Originalausgabe

www.herder.de
Satz: Rudolf Kempf, Emmendingen
Herstellung: fgb · freiburger graphische betriebe 2007
www.fgb.de
Umschlaggestaltung und Konzeption:
R·M·E München / Roland Eschlbeck, Liana Tuchel
Umschlagmotiv: © gettyimages
ISBN 978-3-451-05850-9

Inhalt

Vorwort

Liebe Eltern,

niemand kennt Ihr Kind länger und besser als Sie. Von Geburt an haben Sie seine Entwicklung begleitet, es wachsen und sich entfalten gesehen und sowohl in schönen, aufregenden als auch in schwierigen Situationen unterstützt. Dabei haben Sie Ihre Tochter oder Ihren Sohn intensiv kennen und lieben gelernt. Sie wissen, wofür sich Ihr Kind interessiert, kennen seine Vorlieben und Abneigungen und können sein Verhalten und seine Reaktionen auf bestimmte Ereignisse gut einschätzen. Sicher haben Sie sich auch schon gefragt, welchen Weg Ihr Kind mit seinen individuellen Eigenschaften, seinem Charakter, seinen Vorlieben und Abneigungen später einmal einschlagen wird.

Tritt der Sohn in die Fußstapfen des Vaters und erlernt einen Handwerksberuf oder hat er das musikalische Talent der Oma geerbt; interessiert sich die Tochter für den sozialen Beruf der Mutter oder orientiert sie sich eher am naturwissenschaftlich begeisterten Onkel? Wie und in welcher Zusammenstellung sich genetische Anlagen in den Talenten und Interessen der Kinder zu erkennen geben, ist nicht vorhersagbar. Daher können Eltern die Zukunft ihres Kindes nicht von Geburt an planen, sondern müssen sich auf eine lange Zeit der Begleitung einlassen. Im Laufe der Jahre wird sich dann zeigen, mit welchen Talenten und Interessen ein Kind ausgestattet ist. Bei manchen Kindern ist dies schon früh offensichtlich, bei anderen dauert es etwas länger.

Immer jedoch profitieren Kinder von der Unterstützung und liebevollen Begleitung durch ihre Eltern – ihren wichtigsten Bezugspersonen. Mit ihrer Unterstützung und sensiblen Führung durch die Höhen und Tiefen des Lebens haben sie die optimale Ausgangslage, um sich frei und selbstbewusst entfalten und verwirklichen zu können. Dabei ist es für Eltern nicht immer leicht, den schmalen Grat zwischen Fördern und Loslassen zu finden und die Fähigkeiten des eigenen Kindes bewusst zu erkennen.

Je intensiver Sie mit Ihrem Kind zusammenleben und je besser Sie es zu verstehen glauben, desto eher verstellt Ihnen möglicherweise eine gewisse „Betriebsblindheit" die Sicht auf seine Möglichkeiten und Chancen. Leicht können Sie dabei etwas übersehen, denn vieles, was ein Kind zu einem besonderen Menschen macht, ist für seine Eltern selbstverständlich. Stellen Sie sich selbst auch immer wieder mal die folgenden Fragen?

- Was steckt in meinem Kind?
- Wie kann ich ihm helfen, sich optimal zu entwickeln?
- Welche Interessensgebiete liegen meinem Kind besonders?
- Wofür hat mein Kind eine besondere Begabung?
- Übt mein Kind das richtige Hobby aus?
- Wird mein Kind optimal gefördert?
- Welcher Beruf passt zu meinem Kind?
- Wie lernt mein Kind am besten?
- Welches Temperament hat mein Kind?
- Hat mein Kind außergewöhnliche Begabungen?

Um die Begabungen und Talente Ihres Kindes zu erkennen, brauchen Sie etwas Abstand und einige verlässliche Orientierungshilfen. Genau das möchte ich Ihnen mit diesem Buch an die Hand geben. Analog zu den anerkannten Intelligenztests werden u. a. die sieben folgenden Begabungsbereiche behandelt:

- Sprachliche Begabung
- mathematisch-logische Begabung
- räumlich-visuelle Begabung
- praktisch-naturalistische Begabung
- künstlerisch-kreative Begabung
- sportliche Begabung
- sozial-emotionale Begabung

Die Talente Ihres Kindes sind eine wertvolle Ressource, die es zu entdecken und zu schützen gilt. Letztlich gibt es nichts Schöneres, als sich gemäß seiner Begabungen, Fähigkeiten und Talente entwickeln zu können. Innere Zufriedenheit, schulischer und beruflicher Erfolg stellen sich leichter ein, wenn Begabungen frühzeitig erkannt und genutzt werden.

Vielleicht fragen auch Sie sich, ob Sie Ihr Kind in seiner Entwicklung ausreichend unterstützen, ob Sie es genügend fördern und wichtige Hinweise auf Interessen und Fähigkeiten nutzen. Dieses Buch möchte Ihnen durch grundlegende Informationen über Intelligenz, Begabung und Lerntyp sowie durch eine Reihe von Checklisten dabei helfen, die Talente und Möglichkeiten Ihres Kindes zu entdecken. Darüber hinaus finden Sie auch praktische Tipps, um Begabungen zu unterstützen und zu fördern und so den Lebensweg Ihres Kindes optimal zu begleiten.

Dabei wünsche ich Ihnen viel Spaß,

Ihre
Uta Reimann-Höhn

Was Sie vorab wissen sollten

Intelligenz und Begabung

Was sind eigentlich Talente, Intelligenz und Begabungen? Umgangssprachlich werden diese Begriffe nicht immer klar voneinander abgegrenzt. Grundsätzlich ist mit **Intelligenz** die **allgemeine kognitive und logische Fähigkeit** eines Menschen gemeint, die zu einem bedeutsamen Teil genetisch angelegt ist. Dazu gehören eine schnelle Auffassungsgabe, eine hohe Gedächtnisleistung und die Fähigkeit, Wissen zu verknüpfen. Besonders intelligente Menschen finden sich problemlos in neuen Situationen zurecht, erfassen Lernstoff schnell und lieben es, komplexe Probleme zu lösen.

Als **akademische Intelligenz** werden die drei klassischen Formen geistiger Fähigkeiten, also die Logik (S. 54), das räumliche Denken (S. 54 f.) und die sprachliche Begabung (S. 54) bezeichnet. Mit diesen Kompetenzen steigt in unserer Gesellschaft die Aussicht auf Erfolg, denn in vielen anspruchsvollen Berufen werden ein gutes Ausdrucksvermögen, logische Denkstrukturen und gute Rechenleistungen benötigt. Außerdem werden diese drei Intelligenz- oder Begabungsbereiche in unserem Schulsystem besonders hoch bewertet – und noch immer sind die schulischen Abschlusszeugnisse für Bewerbungen auf einen Ausbildungsplatz oder einen Studiengang maßgeblich. Doch neben der akademischen Intelligenz, die nur einen Teil der menschlichen Begabungen ausmacht, gibt es noch andere Bereiche, die in neueren Intelligenztests ebenfalls gemessen werden. Es handelt sich dabei in der Regel um die motorische Begabung (S. 55), die sozial-emotionale Begabung (S. 55), die praktisch-naturalistische Begabung (S. 55) und die kreativ-künstlerische Begabung (S. 56).

Ein **Intelligenzquotient** (IQ) lässt sich etwa ab dem Alter von sechs Jahren mit wissenschaftlichen Testmethoden ermitteln und sollte auch in späteren Tests vom ersten Ergebnis nicht grob abweichen, da der IQ zeitlebens annähernd gleich bleibt. Anders ist das mit dem **Arbeitsverhalten**, durch das die vorhandene Intelligenz erst richtig genutzt werden kann und das durch Konzentration und Ausdauer geprägt wird. Hier sind Steigerungen durch Üben und Trainieren durchaus sinnvoll und möglich.

Als **Begabungen oder Talente** bezeichnet man Eigenschaften, die ebenfalls früh feststehen und zunächst als Dispositionen oder Potenziale unterschiedlich angelegt sind. Begabungen sind mehrdimensional, sie umfassen kognitive, emotionale, motorische, kreative und soziale Bereiche. Die Begabungen und Talente haben großen Einfluss darauf, ob ein Mensch eher Schriftsteller, Musiker, Erzieher, Physiker oder Arzt wird. Sie sind das **Ergebnis der Wechselwirkung zwischen genetischer Anlage, persönlichen Fähigkeiten und Umwelteinflüssen** und müssen erkannt und gefördert werden, damit sie sich weiter entfalten können.

Ohne eine materielle (Musikinstrument, Bücher, Tanzstunden, etc.) und emotionale (Lob, Anerkennung, Motivation, etc.) Unterstützung kann ein Kind sein Begabungspotenzial und das vorhandene Talent nicht weiterentwickeln. Es ist nutzlos, wird nicht abgefragt und verkümmert mit der Zeit.

Höchstleistungen, denen in der Regel eine hohe Begabung zugrunde liegt, können nur dann erbracht werden, wenn ein Kind neben seinem Talent auch **intensive Lern- und Übungsphasen** durchläuft. Dabei ist es auf die Förderung durch seine Umwelt angewiesen. Wächst ein sprachlich talentiertes Kind in einer Familie auf, in der wenig gesprochen wird, bleibt seine Begabung vorerst verborgen und wird frühestens in Kindergarten oder Schule aufgedeckt. Das vorhandene Potenzial wird so nicht ausgeschöpft. Begabungen, Talente und Fähigkeiten, die nicht in Anspruch genommen werden, können sich nicht weiterentwickeln.

Wie entwickelt sich Ihr Kind?

Auch wenn ein bestimmter IQ festgestellt, vielleicht sogar ein herausragendes Talent erkannt wurde, ist die Leistungsentwicklung eines Kindes kaum vorherzubestimmen. Denn eines ist klar: Begabung ist nicht automatisch mit Leistung gleichzusetzen. Um seine Intelligenz zu nutzen oder seine Begabung weiterzuentwickeln, benötigt ein Kind einen inneren Antrieb, Interesse und unbedingt ein **konstruktives Arbeitsverhalten**, das sich aus Ausdauer, Merkfähigkeit, Denktempo, Konzentrationsfähigkeit und Motivation zusammensetzt. Das letzte Steinchen im Mosaik der besonders begabten oder hochbegabten Menschen ist dann eine **ausgeprägte Kreativität**. Erst sie macht die technisch versierte Geigenspielerin durch den ganz besonderen Ausdruck zu einer herausragenden Musikerin.

Wenn aber die musikalisch begabte Tochter keine Lust hat, sich ausdauernd mit einem Instrument zu befassen, sich nicht konzentrieren kann oder das Gelernte schnell wieder vergisst, wird ihr Talent kaum gefördert und kann sich nicht weiterentwickeln. Auch wenn der sportlich vielseitige und leistungsfähige Sohn lieber fernsieht als seine Bewegungsmöglichkeiten zu nutzen, liegt seine Begabung brach.

Ohne ein kontrolliertes Arbeitsverhalten, Lernanregungen, Erfolgs- und Leistungswillen nutzen also auch ein hoher IQ und ein ausgeprägtes Talent nicht viel.

Liebevolle Förderung ist wichtig

Mitunter werden Begabungen und Talente aufgrund mangelnder Anregung nicht ausgeschöpft. Manche Kinder leiden auch darunter, dass sie nicht wissen, womit sie sich beschäftigen sollen. Hier sind die Eltern in der Pflicht. Ein Kind, sei es noch so begabt und talentiert, braucht **Anregungen, Denkanstöße, Impulse** und **Stimulierung**. Eine frühzeitige, individuelle Förderung, vorbildhaftes Verhalten, das Vertrauen in die eigenen Fähigkeiten und der

Erwerb von Wissen wird durch eine liebevolle und fordernde Umwelt ermöglicht. Bis zur Pubertät ist es Aufgabe der Eltern und der Lehrer, Kindern und Jugendlichen die Vielfältigkeit des Lebens und dessen Lernfelder nahezubringen. Durch interessante Freizeitaktivitäten, persönliche Gespräche, intensive Diskussionen, eine Vielzahl von Büchern oder Brettspielen sowie einen netten Freundeskreis erweitert Ihr Kind nach und nach sein Wissen und seine Kompetenzen. Wenn Sie es sensibel beobachten, werden Sie bald feststellen, worauf sich sein Augenmerk besonders richtet. Beantworten Sie seine Fragen und unterstützen Sie seine Interessen, so gut Sie können. Je mehr positive Zuwendung Ihr Kind erfährt, desto motivierter wird es auch weiterhin sein, seine Talente und Fähigkeiten in den unterschiedlichsten Lebensbereichen auszuprobieren.

Simon (8 Jahre) fährt zum ersten Mal mit seinen Eltern im Zug zu seiner Oma. Die Reise fasziniert ihn sehr und er kann einfach nicht ruhig auf seinem Platz sitzen bleiben. Ständig steht er auf, läuft in die anderen Waggons, will das Bistro besuchen und löchert seine Eltern mit Fragen nach technischen Details des ICE. Sein Interesse am Hintergrundwissen über die Bahn ist erstaunlich groß und beschäftigt ihn während der gesamten vierstündigen Fahrt. Nur gut, dass sein Vater alle Fragen geduldig beantwortet und Simons offensichtliche Begabung für Technik aufgreift. Er freut sich über die Wissbegier seines Sohnes. Zu seinem nächsten Geburtstag, der nicht mehr lange auf sich warten lässt, bekommt Simon zu seiner großen Freude den Anfängerbausatz einer Modelleisenbahn. So kann er sein Interesse vertiefen.

Gibt es unbegabte Kinder?

Doch nicht jedes Kind hat so offensichtliche und ausgeprägte Fähigkeiten in einem bestimmten Bereich. Eine spezielle Begabung lässt sich meist dann schwer feststellen, wenn Kinder vielseitig interessiert sind und in verschiedenen Bereichen gleichbleibende

Leistungen erbringen. Es gibt Kinder und Jugendliche, die ein sehr **ausgewogenes Begabungsprofil** aufweisen und auf keinem speziellen Gebiet besonders herausragende Talente zeigen. Ihre Interessen sind auf die unterschiedlichen Begabungsfelder gleichmäßig verteilt, so dass der Eindruck entsteht, sie hätten kein besonderes Talent. Im Laufe ihrer Entwicklung werden sie sich jedoch durch äußere Einflüsse dem ein oder anderen Bereich annähern und sich für ein oder mehrere Wissensgebiete als Freizeitbeschäftigung oder auch als möglichen späteren Beruf entscheiden. Manchmal wird das durch ein besonderes Erlebnis, durch den Freundeskreis oder, später noch, den künftigen Lebenspartner beeinflusst.

Wenn Sie ein Kind haben, das bisher keine herausragenden Fähigkeiten in einem der verschiedenen Bereiche zeigt, bleiben Sie geduldig. Mit der Zeit wird sich zeigen, wohin die äußeren Einflüsse die Interessen Ihres Kindes lenken und ob es seine Begabungen dafür nutzen kann.

Besondere Talente und Begabungen sind für den schulischen und beruflichen Erfolg eines Menschen jedoch nicht immer ausschlaggebend. Auch ohne eine herausragende Fähigkeit können Kinder und Jugendliche durch einen starken Willen, ausdauerndes Training, eine starke Motivation und konsequentes Üben durchaus beachtliche Leistungen auf einem Wissensgebiet oder bei bestimmten Tätigkeiten zeigen.

Gibt es schlechte Voraussetzungen?

Manchmal widerspricht die körperliche Konstitution eines Kindes seinem Talent und damit seinen Berufs- oder Freizeitwünschen. Ein klein gewachsenes Kind wird sich mit dem Basketballspielen schwertun und ein hörbehindertes Kind wird Schwierigkeiten haben, sein musikalisches Talent auszubauen. In vielen Fällen gibt es jedoch Möglichkeiten, durch einen hohen persönlichen Einsatz und konsequenten Arbeitseifer diese Schwierigkeiten zu überwinden.

Sandra (zehn Jahre) ist begeistert von Gitarrenmusik und möchte dieses Instrument unbedingt erlernen. Sie hat jedoch kein gutes Rhythmusgefühl und sehr kleine Hände, so dass das Spielen der Gitarrensaiten für sie nicht einfach ist. Um Melodien fehlerfrei zu spielen, muss sie sehr viel länger üben als andere. Trotzdem ist ihr größter Wunsch, mit den Klassenkameraden im Schulorchester mitspielen zu können. Sie ist hoch motiviert und übt jeden Nachmittag in ihrem Zimmer konsequent die einzelnen Musikstücke. Das lohnt sich, bald spielt sie sogar besser als ihre Klassenkameraden und schon nach kurzer Zeit wird sie für ihre Ausdauer belohnt: Sandra darf im Schulorchester spielen und freut sich über den Applaus bei den gelungenen Konzerten.

Sandras Beispiel zeigt, dass Motivation und Leistungswille mangelnde Begabung oder auch körperliche Einschränkungen durchaus ausgleichen können. Sicherlich wird es schwierig, ohne die entsprechende Fingerfertigkeit als Gitarristin herausragende Leistungen zu vollbringen, aber das gelingt auch begabten Musikern nicht immer. Wichtig ist, dass Sandra erfahren konnte, wie sich ihr **persönlicher Einsatz** und die Überwindung der Hindernisse für sie bezahlt gemacht haben. Das gibt ihr Kraft und Motivation, auch im weiteren Verlauf ihres Lebens auftretende Hürden zu überwinden.

Einmal Naturwissenschaftler, immer Naturwissenschaftler?

Viele Eltern möchten wissen, ob sich die beobachtbaren Verhaltensweisen und Eigenschaften ihres Kindes noch verändern und welche Einflussmöglichkeiten sie selbst darauf haben. Bleibt der verträumte dreijährige Anton auch später ein stiller Zeitgenosse? Wird die unruhige Hanna auch als Jugendliche nur schwer zur Ruhe finden und ist Jens nur als Siebenjähriger ein begeisterter Lego-Architekt, oder wird sich die Freude am Konstruieren durch sein ganzes Leben ziehen?

Ist ein Kind von Natur aus schusselig, verträumt, unkonzentriert, mathematisch begabt oder ein Sprachgenie? Welchen Einfluss haben Erziehung und intensive Förderung? Wie weit können Sie als Eltern auf die Begabungen Ihres Kindes Einfluss nehmen?

Die Frage nach der Bedeutung des Einflusses der Gene gegenüber der Umwelt (und damit auch der Erziehung) wird wohl ein ewiger Streitpunkt der Wissenschaft bleiben. Doch dass ein **wechselseitiger Einfluss** besteht, ist unumstritten. Kinder kommen mit einem genetischen Code auf die Welt, der nicht nur ihr äußeres Erscheinungsbild prägt, sondern auch Einfluss auf ihre Interessen und Fähigkeiten hat. Woher sonst sollte der Sohn eines Handwerkers, der aus einer an Musik vollkommen desinteressierten Familie stammt, seine Begabung für das Klavierspiel haben? Was macht die innere Stimme aus, die manche Menschen zu Berufen und Beschäftigungsfeldern „zwingt", die aus ihrem familiären Umkreis nicht erklärbar sind? In solchen Fällen ist ein genetischer Einfluss unübersehbar.

Wenn ein Kind vielfältige Anregungen erhält und seine Interessen frei entfalten kann, dann folgt es in beruflicher Hinsicht oft nicht dem Vorbild seiner Eltern, sondern geht völlig eigene Wege. Andererseits ist es natürlich beeinflusst vom täglichen Umgang mit den Eltern und deren Einstellungen. Wanderfreudige Eltern haben ihr Kind bestimmt schon früh an den Umgang mit der Natur und an lange Spaziergänge gewöhnt, auch wenn der Nachwuchs eher unsportlich ist und wenig Interesse an Pflanzen und Tieren zeigt. Die einmal gemachten Erfahrungen wird das Kind jedoch nicht vergessen, sie werden in irgendeiner Form auch sein weiteres Leben beeinflussen.

Ebenso wird ein schlankes Kind in einer Familie, in der gewohnheitsmäßig zu viel gegessen wird, früher oder später zunehmen, auch wenn seine genetische Anlage eigentlich eine andere ist. Dem **intensiven familiären Einfluss** können Kinder kaum etwas entgegensetzen, erst als Jugendliche oder Erwachsene haben sie die Möglichkeit, sich davon zu emanzipieren.

Denkbar ist also auch, dass der künstlerisch und kreativ begabte Sohn ein erfolgreicher Arzt wird, weil seine Eltern ihm Interesse und Spaß an diesem Berufsbild vermitteln konnten. Seine künstlerischen Ambitionen lebt er als Hobby möglicherweise nebenbei aus.

Nico (acht Jahre) ist ein stiller Junge, der sich in Konfliktsituationen sprachlich schlecht wehren kann und in der Schule häufig in Schlägereien verwickelt ist. Im Gespräch unter vier Augen stellt sich heraus, dass das Kind sehr nachdenklich ist, einen großen Wortschatz hat, sich gut ausdrücken kann und Sachzusammenhänge differenziert betrachtet. Bei anderen Kindern jedoch traut er sich nicht, seine Gedanken zu äußern. Es zeigt sich, dass in Nicos Familie kaum geredet wird. Der Vater ist den ganzen Tag nicht zu Hause und stellt abends sofort den Fernseher an. Die Mutter ist extrem schweigsam und schüchtern. Sie hat wenig Außenkontakte und spricht auch mit den Kindern nicht viel. Seit Nico in der Schule ist und lesen gelernt hat, verschlingt er ein Buch nach dem anderen. Dadurch hat er sich sprachlich deutlich weiterentwickelt. Seine Ausdrucksfähigkeit und seinen Wortschatz kann er bei seiner Familie jedoch nicht anwenden. Er hat zu wenig geübt, mit anderen zu kommunizieren und besonders in Gruppen fühlt er sich extrem unwohl.

Nico hat offensichtlich ein großes sprachliches Talent, das von seiner Familie kaum gefördert wird. Durch das Fernsehen und durch Bücher erweitert er seinen Wortschatz, so dass er im Einzelgespräch erstaunlich sprachbegabt wirkt. **Mangelnde Förderung** und fehlende Gruppenkontakte haben dazu geführt, dass er seine Begabung im Beisein anderer Menschen bisher nicht zeigen konnte. Was Nico in den ersten Entwicklungsjahren gefehlt hat, kann nun nur mit Anstrengung noch aufgeholt werden. Sensible Pädagogen, die Nico mit viel Lob für seine Fähigkeiten motivieren, können es durchaus schaffen, dass das schweigsame Kind Gefallen an seinem Sprachtalent findet und sich nicht nur hinter Büchern versteckt, sondern aktiv mit seinen Fähigkeiten umzugehen lernt. Hilfreiche Angebote für Nico könnten zum Beispiel die Mitwirkung in einer

Theatergruppe sein, das gemeinsame Verfassen eines Buches in einem Schreibteam oder die Teilnahme an einem Debattierclub.

Begabt, aber nicht interessiert?

Auch das gibt es, und es ist gar nicht schlimm. Manche Kinder zeigen schon sehr früh Zeichen von außerordentlichen Begabungen in einem Bereich. Sie turnen und klettern bereits mit einem Jahr, sprechen viel und gerne, haben ein feines Gespür für Stimmungen und Gefühle oder sind in der Welt der Zahlen zu Hause. Trotzdem ist ihr Interesse für ihre Fähigkeiten eher gering. Das kleine Mädchen, das so geschickt Perlen auffädelt oder fantasievolle Bilder malt, tobt viel lieber mit ihren Freunden auf dem Spielplatz herum als Geburtstags- oder Weihnachtsgeschenke zu basteln. Und an einem späteren Kunststudium hat sie gar kein Interesse. Dabei wäre sie doch wie geschaffen dafür!

Falls Ihr Kind sein **Talent brachliegen** lässt und stattdessen andere Interessen entwickelt, sollten Sie es nicht bremsen. Wer weiß welche Kombinationen sich später daraus ergeben. Die Spezialisierung auf einen Bereich ist in unserer schnelllebigen Zeit mit ständig wechselnden Anforderungen in verschiedenen Wissensgebieten nicht unbedingt sinnvoll. Die Kombination verschiedener Fähigkeiten und eine hohe Flexibilität sind im späteren Berufsleben hingegen sehr hilfreich. Unterstützen Sie daher Ihr Kind bei allen Interessen, die es entwickelt. Vielleicht zeigt sich eine besondere Begabung, die vordergründig nicht erkennbar ist, auch erst später. Auf jeden Fall sollten Sie sich vor zu schneller Festlegung und vorgefertigten Meinungen hüten, um die Entwicklung von verdeckten Begabungen und Talenten nicht zu behindern.

Auch das Temperament ist wichtig

Wenn Sie mehrere Kinder haben oder beruflich und privat mit Kindergruppen arbeiten, wissen Sie, dass sich das Verhalten der kleinen Persönlichkeiten voneinander stark unterscheiden kann. Es gibt wache, aktive, lebhafte oder unruhige Kinder ebenso wie langsame, ruhige, bedächtige und vorsichtige Charaktere. Kinder zeigen ein unterschiedliches Schlaf- und Essverhalten; manche langweilen sich schnell, andere können sich stundenlang intensiv mit sich selbst beschäftigen. Alle diese Eigenschaften sind auch im Zusammenhang mit Begabungen und Talenten zu sehen. Jede Art der Förderung hat nur dann positive Auswirkungen auf seine Persönlichkeitsentwicklung, wenn Sie die Eigenarten Ihres Kindes und sein Verhaltensprofil respektieren und berücksichtigen.

Mit dem Begriff „Temperament“ werden die konstanten und typischen Merkmale des Verhaltens von Menschen beschrieben. Dabei geht es u. a. um das Tempo, die Stimmung, die Ausdauer und die Reizschwelle. Nachdem die vier über Jahrhunderte gebräuchlichen Temperamenttypen Phlegmatiker, Choleriker, Sanguiniker und Melancholiker inzwischen ausgedient haben, gruppiert die moderne Psychologie die Temperamente heute so:

- **Aktivität** – Kraft, Intensität und Geschwindigkeit der Bewegungen, des Denkens und Sprechens
- **Reaktivität** – Tempo und Intensität, mit denen man auf äußere Reize reagiert bzw. wie offen man für Reize ist
- **Emotionalität** – Häufigkeit und Intensität, mit denen Gefühle wie Freude, Wut, Trauer oder Furcht geäußert werden und Stimmungen wechseln
- **Soziabilität** – der Wunsch, die Nähe anderer Menschen zu suchen, und die Art und Weise, mit ihnen umzugehen.

Das Temperament eines Kindes, das sich mehr oder weniger stark aus diesen vier Grundeigenschaften zusammensetzt, hat einen ganz entscheidenden Einfluss auf sein Verhalten und den äußeren Eindruck, den es auf die Menschen seiner Umgebung macht. So können zwei ähnlich begabte Kinder trotz allem sehr unterschiedlich sein. Dies wirkt sich auch auf die Umsetzung ihrer Begabung aus. Das eine Kind handelt zum Beispiel bedächtig und überlegt, es nähert sich seinem Ziel langsam, das andere sprintet schnell und impulsiv darauf zu und muss unter Umständen Übersehenes später nacharbeiten.

Das Temperament eines Kindes beruht im Wesentlichen auf der genetischen Veranlagung, zu einem geringen Teil ist es jedoch auch durch die Umwelt beeinflusst. Schwierig kann es werden, wenn das Temperament eines Kindes in seiner Familie auf Ablehnung stößt.

Es besteht dann unter Umständen die Gefahr, dass sich psychische Probleme entwickeln, wenn zum Beispiel ein bedächtiges, gefühlsbetontes, nachdenkliches Kind ständig von seiner aktiven Familie angetrieben wird und sein eigenes Temperament früher oder später als Belastung empfindet.

So finden Sie heraus, welches Temperament oder welche Kombination von Temperamenten Ihr Kind hat

Wenn Sie eine der folgenden Fragen mit **Ja** beantworten können, hat Ihr Kind einen Temperament-Punkt in der entsprechend angekreuzten Spalte. Antworten Sie mit **Nein**, können Sie die Frage ignorieren.

	aktiv	reaktiv	emotional	sozial
Hat Ihr Kind viel Kraft und Energie?	x			
Ist Ihr Kind gerne mit anderen Menschen zusammen?				x
Wechseln die Stimmungen Ihres Kindes häufig?			x	
Zeigt Ihr Kind seine Gefühle deutlich?			x	
Handelt Ihr Kind schnell?	x			
Lässt sich Ihr Kind von anderen Reizen leicht ablenken?		x		
Spricht Ihr Kind schnell?	x			
Ist Ihr Kind eher unkonzentriert?		x		
Kann Ihr Kind sich nicht lange auf eine Tätigkeit konzentrieren, wenn es Lärm ausgesetzt ist?		x		
Hat Ihr Kind viele Freunde?				x
Ist Ihr Kind ein Schnelldenker?	x			
Weint Ihr Kind schnell?			x	
Ist Ihr Kind sensibel für die Stimmungen anderer?			x	
Kann Ihr Kind gut teilen?				x
Wechselt Ihr Kind häufig zwischen verschiedenen Tätigkeiten hin und her?		x		
Ist Ihr Kind tolerant gegenüber seinen Freunden?				x

Auswertung

Zählen Sie die Anzahl Ihrer Kreuzchen und tragen Sie diese hier ein:

aktiver Typ = ☐

reaktiver Typ = ☐

emotionaler Typ = ☐
sozialer Typ = ☐

Die Auswertung der Checkliste gibt Ihnen einen groben Überblick darüber, welcher Temperamentart Ihr Kind zuzuordnen ist. Machen Sie den Test unbedingt auch einmal bei sich selbst, um zu erfahren, ob sich Ihr Temperament von dem Ihres Kindes unterscheidet. Möglicherweise können Sie Ihr Kind so noch etwas besser kennen lernen und manche seiner Verhaltensweisen besser verstehen. Das **Temperament eines Menschen ändert sich nicht** im Laufe seiner Entwicklung, sondern bleibt bestehen. Ein langsamer und bedächtiger Typ entwickelt sich nicht zu einem Energiebündel, mag er von seiner Umwelt auch noch so sehr dazu angehalten werden. Seien also geduldig und verständnisvoll, wenn Ihr Kind vom Temperament her bestimmte Verhaltensweisen zeigt, die Ihnen fremd sind. Alle Anstrengungen, dies zu verändern, sind zum Scheitern verurteilt.

Zusammenfassung

Die kognitiven und logischen Fähigkeiten eines Menschen sind zu einem bedeutsamen Teil genetisch angelegt, ebenso wie das jeweilige Temperament. Auch das Begabungsprofil eines Kindes entwickelt sich früh, ist aber nicht immer gleich erkennbar. Konzentrationsfähigkeit und Ausdauer können jedoch trainiert und verbessert werden. Intelligenz, Begabung und Arbeitsverhalten, aber auch das jeweilige Temperament, bilden zusammen das spätere Leistungsprofil eines Menschen.

Begabungsprofile Stück für Stück erkennen

Obwohl Begabungen und Talente von Geburt an angelegt sind und durch den erzieherischen Einfluss nur gefördert, nicht aber erschaffen werden können, sind sie nicht immer gleich zu erkennen. Mit zunehmendem Alter wird dann deutlich, in welche Richtung sich die Interessen und Begabungen eines Kindes bewegen.

Zwischen fünf und sieben Jahren, dem regulären Einschulungsalter, entwickeln Kinder ein neues Verhältnis zu sich und zu ihrer Umwelt. Sie empfinden sich nun nicht mehr im Mittelpunkt allen Geschehens, sondern lernen abzuwarten, sich in eine Gruppe einzuordnen und die Bedürfnisse anderer zu erkennen und zu verstehen. An diesen Faktoren orientiert sich u. a. auch die Einschätzung der Schulfähigkeit eines Kindes.

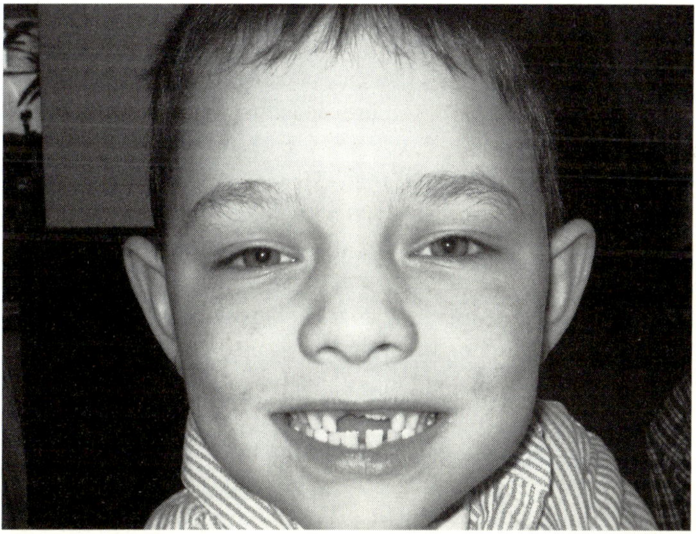

Talente und Begabungen im Vorschulalter

Die körperliche und geistige Entwicklung eines Kindes schreitet von der Geburt bis zur Einschulung rasch voran. In den ersten Lebensjahren entwickeln Kinder alle wichtigen Grundlagen, die sie in ihrem späteren Leben benötigen und weiter ausbauen. Alle normal entwickelten Kinder lernen zu sprechen und sich auszudrücken, sie hüpfen, springen und laufen, halten Scheren und malen mit Stiften und befolgen Regeln.

Ihr sprachliches Können, ihre soziale Kompetenz, die Fein- und die Grobmotorik sowie ihre kognitive Reife entwickeln sich jedoch unterschiedlich schnell. Manche Kinder laufen schon vor ihrem ersten Lebensjahr, andere brauchen dazu wesentlich länger, einige sprechen schon früh wie ein Wasserfall, andere entwickeln ihr Sprachvermögen lieber spät und im Stillen. Diese äußeren Zeichen der Entwicklung alleine sagen noch nichts über die Talente der Kinder aus. Auch die so genannten „Spätzünder" können durchaus Herausragendes leisten, selbst wenn es erst einmal nicht danach aussieht. **Es ist daher nicht möglich, besondere Begabungen und Talente schon im Vorschulalter auszuschließen.** Das Entwicklungspotenzial der Kinder ist enorm und die Formbarkeit und Lernfähigkeit von Körper und Gehirn sehr groß. Dennoch gibt es die Möglichkeit, durch Beobachtung bei einem Teil der Kinder schon in diesem Alter besondere Begabungen festzustellen.

Beobachtungsbogen für Eltern von vier- bis sechsjährigen Kindern

Angelehnt an den Gelsenkirchener Entwicklungsbegleiter (vgl. dazu Literaturverzeichnis) gibt Ihnen der folgende Fragebogen die Möglichkeit, den Entwicklungsstand Ihres vier- bis sechsjährigen Kindes und seine möglicherweise schon in diesem Alter sich abzeichnenden Begabungen festzustellen. Im Vergleich zum später vorgestellten Begabungstest für Schulkinder (vgl. S. 57 ff.) werden hier nur fünf Begabungsschwerpunkte abgefragt. Der Test für

Schulkinder ab sechs Jahren umfasst zwei weitere Bereiche, nämlich die kreativ-künstlerische und die räumlich-visuelle Begabung.

Die Beobachtungsergebnisse von Vorschulkindern können aufgrund des Alters **nur eine Momentaufnahme** sein, da sich manche Begabungen erst während des weiteren Verlaufs der Kindheit und Jugend zeigen. Trotzdem geben Ihnen die Ergebnisse wichtige Hinweise darauf, wo Sie Ihr Kind weiter fördern und unterstützen können. Und natürlich ist es durchaus möglich, dass das Profil eines fünfjährigen Vorschülers auch zehn Jahre später noch immer fast identisch ist.

Tanja ist 21 Jahre alt und besucht seit einiger Zeit eine Filmhochschule. Schon als Dreijährige hat sie mit großer Beharrlichkeit kleine Theaterstücke erfunden und vor Publikum aufgeführt. Kein Kindergeburtstag, keine Familienfeier und kein Weihnachtsabend ohne Tanjas Bühnenstücke, die die Geduld der ganzen Familie gelegentlich auf eine harte Probe stellten. Die Dramaturgie der selbst erfundenen Geschichten war den Zuschauern nicht immer verständlich, doch das kleine Mädchen hat sich von seiner Leidenschaft nie abbringen lassen. In der Schule war sie Mitglied der Theatergruppe und hatte in der Oberstufe den Kurs „Darstellendes Spiel" belegt. Mit selbst gedrehten Videofilmen gelang es ihr, auf einer Filmhochschule aufgenommen zu werden.

Tanja ist ihrer Begabung früh gefolgt und hat sie Zeit ihres Lebens nicht aus den Augen verloren, so dass ihr Berufsweg klar vor ihr lag. Doch das ist bei weitem nicht immer so. Zeigt Ihr Kind keine besondere Begabung, so ist dies völlig normal und heißt nicht, dass es keine Talente hat. Es braucht nur noch etwas Zeit, diese zu entwickeln.

So machen Sie es richtig

Nehmen Sie sich circa 20 bis 30 Minuten Zeit, und füllen Sie den Begabungstest soweit Sie können aus. Es macht nichts, wenn Sie einige Fragen vorerst frei lassen und erst später beantworten. Beantworten Sie nur diejenigen, bei denen Sie sich sicher sind. Können Sie zu manchen Fragen keine eindeutige Antwort geben, lassen Sie das entsprechende Kästchen einfach frei.

Zum Schluss der fünf Kategorien zählen Sie bitte in jeder Kategorie Ihre Ja-Antworten zusammen. Dort wo Sie die meisten Kreuze haben, liegen zur Zeit die Stärken Ihres Kindes.

Um die folgenden Fragen beantworten zu können, müssen Sie Ihr Kind in verschiedenen Lebenszusammenhängen beobachten. Seine **soziale Kompetenz zeigt sich nicht im Einzelkontakt, sondern immer nur in Gruppen**. Seine grobmotorischen oder sportlichen Fähigkeiten erkennen Sie nur, wenn Ihr Kind auch entsprechende Möglichkeiten hat, diese zu erproben. Auf dem Spielplatz, im Garten, beim Spazierengehen oder im Spiel mit anderen können Sie sehen, was Ihr Kind schon kann und wo es sich besonders geschickt anstellt.

Sprachliche Begabung – was ist das?

Vorschulkinder mit einer sprachlichen oder linguistischen Begabung fangen sehr früh an zu sprechen – schon bevor sie zwei Jahre alt sind – und können sich recht schnell mittels eines großen Wortschatzes gut ausdrücken. Sie haben eine hohe Sensibilität für Wortbedeutungen, können angemessen mit der Grammatik umgehen und verfügen über eine hohe sprachliche Gedächtnisleistung. Darüber hinaus gelingt es ihnen meist schnell, ihre Erfahrungen und Erlebnisse in die passenden Worte zu kleiden. Ihr Interesse für die Schriftsprache, für Bücher und Zeitungen, ist sehr groß und häufig können sie schon vor der Einschulung einige Buchstaben oder ganze Worte lesen. In der Regel haben sie keine Schwierigkeiten, eine Fremdsprache zu erlernen.

So erkennen Sie eine sprachliche Begabung Ihres Vorschulkindes

Um die sprachlichen Fähigkeiten ihres Kindes genauer einzugrenzen, sind die folgenden Fragen sehr hilfreich. Gerade bei Vorschulkindern ist es aber wichtig, dass Sie diesen Fragebogen nicht in einer künstlichen Testsituation Stück für Stück „abarbeiten". Lassen Sie sich Zeit und beantworten Sie die Fragen erst, wenn Ihr Kind von selbst in der entsprechenden Situation ist. So ist es zum Beispiel sinnvoll, Ihr Kind vor dem Schlafengehen nach einem Ereignis des Tages zu fragen. In diesem Zusammenhang können Sie sehr einfach erkennen, ob die Geschichte vollständig wiedergegeben wird, Ihr Kind den Plural richtig einsetzt, die Vergangenheitsformen bildet, grammatikalisch richtige Sätze baut und Verben weitgehend richtig beugt. Das Benennen von Gegensätzen oder die Bildung von Oberbegriffen können Sie in einem anderen Zusammenhang genauer anschauen, in den es gerade hineinpasst.

	Ja	Weiß nicht	Nein
Kann Ihr Kind eine Geschichte oder ein Erlebnis nacherzählen?			
Redet Ihr Kind viel und gerne?			
Setzt Ihr Kind den Plural richtig ein?			
Kann Ihr Kind die Vergangenheitsform von Verben weitgehend richtig bilden?			
Kann es Objekte oder Gegenstände den entsprechenden Oberbegriffen zuordnen (Apfel gehört zu Obst)?			
Telefoniert Ihr Kind gerne und lange?			
Kann Ihr Kind Gegensätze benennen (oben, unten)?			
Kann Ihr Kind Sekundärfarben (hellblau, rosa, grau) nennen?			
Kann Ihr Kind Sätze grammatikalisch weitgehend richtig bilden?			
Erzählt Ihr Kind logisch und zeitlich in richtiger Reihenfolge?			
Bildet Ihr Kind alle Laute richtig (auch s)?			
Findet Ihr Kind Reimwörter (Haus / Maus)?			
Versteht Ihr Kind Richtungsangaben wie rechts und links?			
Kann Ihr Kind Verben richtig beugen (ich esse, du isst, er isst ...)?			
Auswertung / Summen			

Mathematisch-logische Begabung – was ist das?

Kinder und Jugendliche mit einer mathematisch-logischen Begabung interessieren sich schon sehr früh für die Zusammenhänge zwischen verschiedenen Ereignissen. Kausalitäten wie „Wenn ich den Hund zum Bellen bringe, kommt Mama angerannt" oder „Entweder esse ich jetzt die Kartoffel auf oder ich bekomme keinen Nachtisch" verstehen sie schnell und setzen sie auch um. Es fällt ihnen ebenfalls leicht, für eine Reihe von Dingen Oberbegriffe zu finden. Den Apfel, die Birne, die Pflaumen und die Weintrauben erkennen sie problemlos als Obst. Die mathematische Begabung zeigt sich durch ein Interesse an Zahlen, am Sortieren, am Zählen oder Gegenstände ordnen. Mathematisch-logisch begabte Kinder sind auch recht schnell in der Lage, den Sinn und Zweck von Symbolen zu erkennen und wenden diese gerne an. Mit dem Mathematikunterricht haben sie später wenig Schwierigkeiten und das Erlernen der Grundrechenarten fällt ihnen leicht.

So erkennen Sie eine mathematisch-logische Begabung Ihres Vorschulkindes

Um die mathematisch-logische Begabung festzustellen, kann es hilfreich und unterhaltsam sein, einen Großteil der folgenden Fragen in einer Gruppe von Kindern zu stellen. Machen Sie einen lustigen Wettkampf daraus, lassen Sie Ihr Kind den anderen ein Spiel erklären und beobachten Sie einfach seinen Umgang mit den folgenden Punkten. Fragen Sie die Gruppe, wer am weitesten von der Fensterbank weg sitzt und wer es am nächsten zur Küche hat. Spaß macht es auch, harte und weiche Dinge zu sortieren, Memory zu spielen und in zwei kleinen Gruppen um die Wette zu puzzeln.

	Ja	Weiß nicht	Nein
Kann Ihr Kind mindestens fünf Tierpaare einander zuordnen (Memorykarten)?	X		
Kann Ihr Kind erklären, was es spielt?	X		
Kann Ihr Kind Ihnen den Daumen oder den Zeigefinger zeigen und benennen?	X		
Versteht Ihr Kind die Adjektive lang/kurz, nah/weit oder hart/weich und kann sie sinngemäß benutzen?	X		
Kennt Ihr Kind seinen vollständigen Namen und kann es seine Adresse nennen?	X		
Kann Ihr Kind ein Puzzle mit mindestens 20 Teilen allein legen?	X		
Kann Ihr Kind eine Menge von drei (z. B. auf einem Würfel) auf einen Blick erkennen, ohne sie erst zählen zu müssen?	X		

	Ja	Weiß nicht	Nein
Kann Ihr Kind drei Berufe erklären und voneinander unterscheiden?	X		
Erkennt Ihr Kind widersinnige Aussagen (Zum Beispiel: „Die Katze zwitschert.“)?	X		
Kann Ihr Kind einen Plan machen und ihn über einen Vormittag lang verfolgen, zum Beispiel Blätter sammeln und damit dann ein Bild bekleben?	X		
Kann Ihr Kind sich einen Auftrag mit drei verschiedenen Anweisungen merken und ihn ausführen (z. B.: „Zieh deine Mütze aus, lege sie auf die Kommode und komm dann in die Küche zum Essen.“)?	X		
Kann Ihr Kind die zeitlichen Begriffe „gestern“ und „morgen“ verwenden?	X		
Kann Ihr Kind eine Bildergeschichte von drei oder vier Sequenzen erkennen?	X		
Kann Ihr Kind auf einem Bild etwas Fehlendes erkennen (dem Elefant fehlt der Rüssel)?	X		
Auswertung / Summen	14		

Sozial-emotionale Begabung – was ist das?

Die sozial-emotionalen Kompetenzen sind eine wichtige Grundlage für den sicheren Umgang mit anderen Kindern und Erwachsenen. Dabei geht es zum einen darum, seine eigenen Gefühle zu spüren, zu erkennen und damit umzugehen. Zum anderen bedeutet soziale Kompetenz aber auch, die Stimmungen und Befindlichkeiten anderer Personen wahrzunehmen und sensibel darauf eingehen zu können. Wenn Kinder in diesem Wahrnehmungsbereich Defizite haben, kommt es häufig und schnell zu Differenzen mit anderen. Dabei erschließt sich dem Betroffenen meist selber nicht, was in der jeweiligen Situation schief gelaufen ist. Er fühlt sich missverstanden und kann die entstehenden Konflikte nicht wirklich nachvollziehen.

So erkennen Sie eine sozial-emotionale Begabung Ihres Vorschulkindes

Beobachten Sie Ihr Kind dabei, wie es mit seinen Freunden spielt und spricht. Wie werden Konflikte gelöst, wann bietet Ihr Kind einem anderen Unterstützung an und wie verantwortungsbewusst zeigt es sich im Umgang mit Versprechen oder Vereinbarungen? Hören Sie der Unterhaltung zwischen Ihrem Kind und einem Freund eine Weile genau zu. Wie funktioniert die Kommunikation? Wie gut kann Ihr Kind seine eigenen Gefühle wahrnehmen und darüber sprechen?

	Ja	Weiß nicht	Nein
Kann Ihr Kind Freunden oder Geschwistern etwas von seinen Spielsachen abgeben?	X		
Kann Ihr Kind sich problemlos für eine kurze Zeit von Ihnen trennen?	X		
Hat Ihr Kind dauerhafte Freunde?	X		
Erkennt Ihr Kind Situationen, in denen es Hilfe anbieten kann (beispielsweise, wenn Sie krank sind und es Ihnen etwas bringt)?	X		
Kann Ihr Kind seine Wünsche differenziert äußern („Ich möchte ein Brot mit Schinken" anstatt „Ich habe Hunger")?	X		
Kann Ihr Kind geduldig zuhören?	X		
Zeigt Ihr Kind Interesse an den Schicksalen anderer Menschen, sowohl im echten Leben als auch in Filmen oder Büchern? (Fragt es beispielsweise manchmal nach, wie es Personen in bestimmten Situationen wohl geht?)	X		
Kann Ihr Kind seine Gefühle beschreiben und benennen?	X		
Hat Ihr Kind Interesse an der Lebensumwelt anderer? (Fragt es sich beispielsweise, wie andere Kinder ohne/mit Garten/Haustier leben?)	X		
Kann Ihr Kind seinen eigenen Standpunkt vertreten (z. B., wenn es aus einem besonderen Grund länger aufbleiben möchte)?	X		
Schafft es Ihr Kind, sich vor einer großen Gruppe oder unbekannten Personen darzustellen? (Traut es sich beim Bäcker alleine einzukaufen, singt oder spielt es im Kindergarten etwas vor?)			✓

	Ja	Weiß nicht	Nein
Kann Ihr Kind seine Bedürfnisse für eine Weile aufschieben (z. B., wenn es auf sein Eis warten soll, bis alle aufgegessen haben)?			
Kennt es Regeln und befolgt diese, ohne dass es dauernd darauf hingewiesen werden muss (z. B. Schuhe an der Wohnungstür ausziehen)?			
Fühlt Ihr Kind sich verantwortlich (z. B. für sein Haustier)?			
Auswertung / Summen			

Sportliche / psycho-motorische Begabung – was ist das?

Sportlich begabte Kinder können Bewegungen früh nachahmen, sind geschickt und haben viel Spaß am Toben, Klettern, Hüpfen und Springen. Sie beherrschen ihren Körper, krabbeln und laufen früh, haben Ausdauer, sind schnell und kräftig. Im Vergleich mit anderen Kindern fällt ihre Entwicklung im motorischen Bereich auf, weil sie immer ein bisschen weiter sind. Meistens können sie bei jeder Sportart problemlos mitmachen, sich schnell die Regeln merken und gute Leistungen erzielen. Es fällt ihnen schwer, sich für ein sportliches Hobby zu entscheiden, denn Erfolgserlebnisse erzielen sie nahezu überall.

So erkennen Sie eine sportliche Begabung Ihres Vorschulkindes

Bei einem Spaziergang im Wald oder auf dem Feld bietet sich immer eine gute Gelegenheit die ein oder andere grobmotorische Fähigkeit genauer in den Blick zu nehmen. Hüpfen, rennen und klettern oder auf einem Baumstamm balancieren gehören bei Vorschulkindern ohnehin meist zu den Lieblingsbeschäftigungen. Und der Umgang mit einem Ball ist eine schöne Sonntagnachmittags-Aktivität für die ganze Familie.

	Ja	Weiß nicht	Nein
Kann Ihr Kind einen Ball gezielt zuwerfen?	X		
Kann Ihr Kind auf einem Bein hüpfen?	X		
Hat Ihr Kind ein gutes Gleichgewichtsgefühl, zum Beispiel beim Balancieren auf einem Balken?	X		
Kann Ihr Kind im Stehen schaukeln?		X	
Kann Ihr Kind einen Ball aus circa vier Metern Entfernung beidhändig fangen?	X		
Kann Ihr Kind Fahrrad ohne Stützräder fahren?	X		
Ist Ihr Kind viel in Bewegung und interessiert es sich für unterschiedliche Sportarten?			X
Kann Ihr Kind eine Rolle vorwärts machen und dabei im Sitzen landen?		X	
Gelingt es ihrem Kind, zehn Sekunden auf einem Bein zu balancieren?	X		
Beherrscht Ihr Kind den Hampelmannsprung sieben Mal nacheinander?		X	
Kann Ihr Kind alleine oder mit anderen Seil springen?		X	
Kann Ihr Kind zehn Mal auf einer Stelle auf einem Bein hüpfen?	X		
Gelingt es Ihrem Kind, einen Basketball mit jeder Hand jeweils fünf Mal zu prellen?	X		
Kann Ihr Kind aus dem Stand 20 Zentimeter hoch springen?	X		
Auswertung / Summen	5	4	1

Praktisch-handwerkliche Begabung – was ist das?

Wenn Ihr Kind sich schon früh für technische Fragen interessiert und damit beginnt, Dinge auseinanderzubauen, zeichnet sich eine praktische Begabung ab. Kinder mit diesen besonderen Fähigkeiten lieben es, mit ihren Händen zu bauen oder zu basteln. Dazu benutzen sie jedes Material, das ihnen in die Finger fällt. In ihrem Zimmer finden sich ständig neue Bauprojekte: fantasievolle Lego-Welten, aus Holzresten selbst zusammen gezimmerte Möbel oder ein neuer Holzkäfig für den Hamster. Auch das Fahrrad wird gerne auseinandergeschraubt und repariert. Sie verfügen schon früh über einen Werkzeugkasten und lassen keine Gelegenheit aus, diesen zu benutzen. Haben Sie einen Garten, so lässt der Wunsch nach einem selbst gebauten Baumhaus bei solchen Kindern meist nicht lange auf sich warten. Ihre selbst gebastelten Geschenke ernten oft große Bewunderung.

So erkennen Sie eine praktische Begabung Ihres Vorschulkindes

Zu jeder Jahreszeit findet sich eine Gelegenheit, um an verregneten oder kalten Nachmittagen die allgemeine Trübsal durch eine Bastelei zu vertreiben. Dabei zeigt sich das feinmotorische Geschick Ihres Kindes sehr deutlich. Ob an Weihnachten, zu Ostern, an Halloween oder im Advent – jahreszeitliche Dekorationen herzustellen macht Spaß und trainiert das handwerkliche Geschick. Und das ein oder andere Geburtstagsgeschenk für Freunde und Verwandte springt auch noch dabei heraus.

	Ja	Weiß nicht	Nein
Kann Ihr Kind Knöpfe auf- und zumachen?	X		
Fädelt Ihr Kind Perlen auf?	X		
Kann es zwischen zwei Punkten eine gerade horizontale Linie malen?	X		
Kann es eine Schere korrekt verwenden?	X		
Gelingt ihm einfaches Basteln und Kleben?	X		
Kann es Bilder malen, die einen Boden und einen Himmel haben?	X		
Kann Ihr Kind Vorlagen, zum Beispiel Malbücher oder Mandalas, sauber ausmalen?	X		
Kann Ihr Kind Nägel halb einschlagen?	X		
Ist seine Händigkeit festgelegt, ist es klarer Rechts- oder Linkshänder?	X		
Kann Ihr Kind eine Schleife binden?			X
Malt Ihr Kind eine Frau und einen Mann deutlich unterschiedlich?		X	

	Ja	Weiß nicht	Nein
Kann Ihr Kind kleine fortlaufende Muster malen?	X		
Schmückt es seine Bilder aus, zum Beispiel mit Wellen, Girlanden oder Zacken?	X		
Zeigt es Interesse an Werkzeugen und wirkt es bei deren Benutzung geschickt?	X		
Auswertung / Summen	12		

Das hat Ihr Kind schon alles gelernt

Schon beim Ausfüllen der Beobachtungsbögen haben Sie wahrscheinlich deutlich erkannt, was Ihr Kind besonders gut kann und gerne macht. Wenn Sie die Summen der verschiedenen Begabungsbereiche miteinander vergleichen, wird sich mit großer Wahrscheinlichkeit ein Schwerpunkt abzeichnen. Um dies genauer zu verdeutlichen, können Sie die Summen der einzelnen Begabungsfelder in das folgende Profil eintragen.

Sprachliche Begabung: 13 Ja-Stimmen

Mathematisch-logische Begabung: 14 Ja-Stimmen

Sozial-emotionale Begabung: 11 Ja-Stimmen

Sportlich-motorische Begabung: 9 Ja-Stimmen

Praktisch-handwerkliche Begabung: 12 Ja-Stimmen

Auswertung
Sie können die unterschiedlichen Begabungen Ihres Kindes nun in ein Diagramm einzeichnen und erhalten so sein Begabungsprofil.

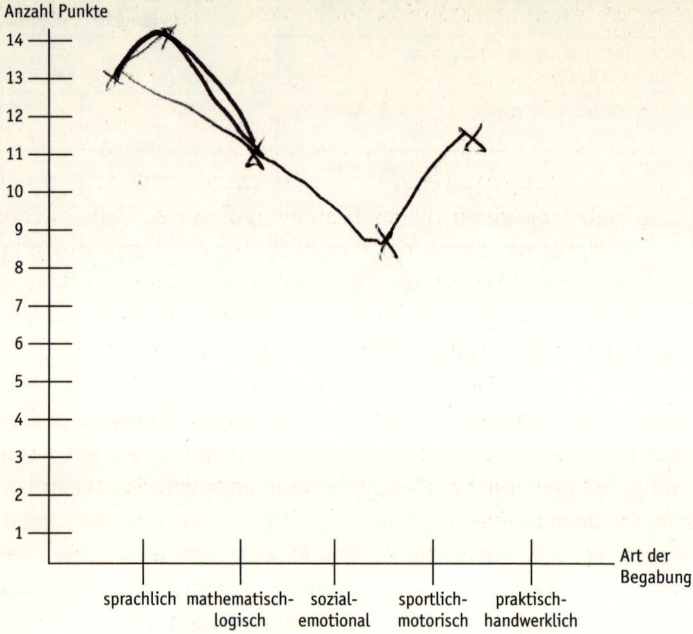

Legen Sie Ihr Kind nicht fest

Die wenigsten Kinder haben ein gleichmäßig verteiltes Begabungsprofil, vielmehr ist es ganz normal, dass sie sich in einem Bereich schneller entwickeln und in einem anderen langsamer. **Bei Vorschulkindern kann sich am Begabungsprofil noch manches ändern**. Gerade der Einfluss der Schule und des Freundeskreises kann ganz neue Interessen wecken, die sich bisher noch überhaupt nicht gezeigt haben. Vielleicht begeistert sich ein bisher unsportliches Kind plötzlich für Fußball oder entdeckt sein Interesse für Sprache und Bücher.

Lassen Sie Ihrem Kind auf jeden Fall Zeit, in den Grundschuljahren seine Interessen auszubauen und weiterzuentwickeln. Bremsen Sie es auf keinen Fall, indem Sie es schon jetzt auf einen bestimmten Begabungsbereich festlegen.

Setzen Sie die Ergebnisse Ihrer Beobachtung sinnvoll um

Ihr kleiner Sohn spielt schon seit Jahren begeistert mit jedem Ball und stellt sich nun als sportlich besonders talentiert heraus? Ihre Tochter bastelt und knetet mit Begeisterung und erweist sich bei der Auswertung des Beobachtungsbogens als praktisch begabt? Oder haben Sie einen kleinen Familienmanager zu Hause, der alles ausdiskutiert, aber auch gerne zwischen den Familienmitgliedern vermittelt? Dann sollte sich sein soziales Talent im Auswertungsprofil gezeigt haben. Bei solchen Kindern ist es einfach, die bestehenden und sichtbaren Begabungen weiter zu unterstützen. Trotzdem sollten Sie auch überlegen, wie Ihr Kind dazu motiviert werden kann, seine weniger stark ausgeprägten Fähigkeiten ebenfalls nicht zu vernachlässigen. Sprachförderung im Alltag etwa ist wichtig, denn gute Sprachfähigkeiten sind besonders bedeutsam für den Schulerfolg.

Vielleicht haben Sie selbst auch schon einige Ideen entwickelt, wie Sie Ihr Kind in den weniger stark ausgeprägten Begabungsbereichen motivieren können, sich auch dort zu entwickeln.

Versuchen Sie auf jeden Fall die Interessen Ihres Kindes mit einer Förderung in den weniger ausgeprägten Fähigkeiten zu verbinden. Lesen Sie mit dem Sportler Fußballbücher, lassen Sie Ihre Chefbastlerin kurze Gebrauchsanleitungen für ihre Kunstwerke formulieren oder wählen Sie für den gemütlichen Familienabend mit ihrem sozial engagierten Kind Spiele mit mathematisch-logischem Hintergrund aus.

Fördertipps für Ihr Vorschulkind

Zur Förderung der sprachlichen Begabung

- Singen Sie gemeinsam Lieder und achten Sie auf die richtige Textwiedergabe.
- Lassen Sie Ihr Kind jeden Abend über seine Erlebnisse des Tages berichten.
- Versuchen Sie Reimwörter zu finden (Katze – Tatze).

- Achten Sie auf die grammatikalisch richtige Aussprache Ihres Kindes.
- Versuchen Sie gemeinsam Wörter mit einem gleichen Anfangsbuchstaben zu finden, zum Beispiel Tiere mit B.
- Lassen Sie Ihr Kind Dinge beschreiben.
- Seien Sie geduldig, wenn Ihr Kind etwas umständlich erklärt, denn Ungeduld hemmt seinen Erzähldrang.
- Achten Sie darauf, dass Ihr Kind seine Sätze auch zu Ende spricht.
- Lassen Sie keine Baby-Sprache zu, sondern korrigieren Sie Ihr Kind liebevoll, aber konsequent.

Zur Förderung der mathematisch-logischen Begabung

- Lassen Sie Ihr Kind Dinge sortieren nach Farbe, Gestalt, Größe, etc.
- Zeigen Sie Ihrem Kind, wie man bis drei, fünf, sechs oder zehn zählt, je nachdem, wie alt es ist.
- Lassen Sie Ihr Kind zehn rote Büroklammern ineinander hängen.
- Lassen Sie sich beim Kochen helfen und wiegen Sie gemeinsam Zutaten ab.
- Bringen Sie Ihrem Kind Zählreime bei:

  Eins, zwei, drei
  Was ist denn schon dabei.
  Vier, fünf, sechs,
  fragt die kleine Hex.
  Sieben, acht, neun,
  ich geh jetzt in die Scheun'.

- Machen Sie mit Ihrem Kind kleine Experimente (was passiert, wenn ein Glas Wasser in der Sonne steht, ins Eisfach kommt, kocht?).
- Motivieren Sie Ihr Kind zu Warum-Fragen.

Zur Förderung der sozialen Begabung

- Lassen Sie Ihr Kind Gruppenerfahrungen machen, zum Beispiel im Sportverein.
- Greifen Sie bei Streitigkeiten zwischen Kindern nur ein, wenn diese alleine wirklich nicht weiterkommen.
- Arbeiten Sie Konflikte gemeinsam mit Ihrem Kind auf und finden Sie Möglichkeiten, diese in Zukunft zu vermeiden.
- Zeigen Sie Ihrem Kind Situationen, in denen es anderen helfen kann.
- Kehren Sie Gefühle nicht unter den Tisch, sondern sprechen Sie offen darüber.
- Geben Sie Ihrem Familienleben einen Rahmen, in dem Sie mindestens einmal am Tag etwas gemeinsam tun (z. B. Essen).
- Helfen Sie Ihrem Kind dabei, in schwierigen Situationen nicht gleich aufzugeben.

Zur Förderung der sportlichen / motorischen Begabung

- Machen Sie Ihrem Kind Lust an der Bewegung, indem Sie ein Vorbild sind.
- Tanzen Sie gemeinsam zu Musik.
- Gehen Sie jeden Tag zusammen eine kleine Runde spazieren.
- Finden Sie ein sportliches Hobby, das Ihrem Kind gefällt.
- Besuchen Sie mal mit der Familie einen Hochseilgarten.
- Planen Sie in Ihrem nächsten Urlaub sportliche Betätigung mit ein.
- Gehen Sie im Sommer öfter mal schwimmen.
- Besuchen Sie mit Ihrem Kind ein Fußballspiel oder einen anderen Wettkampf - das macht Lust am Selber-Ausprobieren.
- Roller, Fahrrad, Federballspiel oder Fußball - ein paar Sportgeräte sollten Sie immer zu Hause haben.

Zur Förderung der praktischen Begabung

- Nutzen Sie jede Gelegenheit, um mit Ihrem Kind zusammen etwas zu basteln.
- Beteiligen Sie Ihr Kind bei kleinen handwerklichen Tätigkeiten im Haushalt.

- Kochen kann Spaß machen – lassen Sie Ihr Kind dabei helfen, etwa Karotten und Paprikaschoten klein schneiden.
- Haben Sie ein Haustier? Beteiligen Sie Ihr Kind an der Reinigung des Käfigs, an der Fellpflege oder beim Füttern.
- Gestalten Sie gemeinsam einen Blumenkasten oder ein Beet.
- Ermutigen Sie Ihr Kind, mit Messer und Gabel zu essen und sich seine Getränke selber einzugießen.

Zusammenfassung

Im Vorschulalter können Sie die Begabungen Ihres Kindes fast nur über Beobachtung herausfinden. Die fünf grundlegenden Bereiche, in denen Sie Ihr Kind einschätzen können, sind: sprachliche Begabung, mathematisch-logische Begabung, sportliche Begabung, soziale Begabung und motorische Begabung. Im Auswertungsprofil erkennen Sie Tendenzen, die sich in den nächsten Jahren durch die außerfamiliären Einflüsse jedoch noch verändern können. Bieten Sie Ihrem Kind vielfältige Anregungen, damit es die vorhandenen Begabungen ausbauen und sich in weniger ausgeprägten Begabungsbereichen weiter entfalten kann.

Das Schulkind entwickelt sich

Mit dem Eintritt in die Schule werden von Ihrem Kind mehr und andere Fähigkeiten erwartet als innerhalb der Familie oder im Kindergarten. Damit haben die Schulanfänger auch die Möglichkeit, neue Begabungen und Interessen an sich zu entdecken. Der Einfluss des Elternhauses wird ergänzt durch den Einfluss der Schule und der Freunde. Das wirkt sich auf die Entwicklung eines Kindes aus. Seine intellektuellen und sozialen Fähigkeiten sowie seine körperlichen und emotionalen Möglichkeiten wachsen nochmals spürbar.

Lassen Sie Ihr Kind sprechen

Daher ist es nun auch sinnvoll, Ihr Kind selber über seine Begabungen und Talente sprechen zu lassen. Auch wenn es diese nicht

genau benennen kann, weisen seine Antworten doch sicherlich in bestimmte Richtungen. Auch eine genauere Beobachtung bringt Sie schon ein Stück weiter.

- Welche Beschäftigung fällt Ihrem Kind besonders leicht?
- Für welches Schulfach braucht Ihr Kind wenig oder gar nicht zu lernen?
- In welchem Bereich bringt Ihr Kind hervorragende Ergebnisse?
- Was macht Ihr Kind besonders gerne?

Und fragen Sie ruhig einmal genau nach: „Was machst du so gerne, dass du es morgen und übermorgen gleich wieder machen möchtest?“

Spiegeln Schulnoten eine Begabung wider?

Noten sind umstritten und ihre Objektivität und ihr Sinn werden immer wieder heiß diskutiert. Manchmal treffen Bewertungen durch die Schule zu, manchmal auch nicht, denn eine Schulnote enthält viele persönliche Aspekte und subjektive Wahrnehmungen. Wissenschaftliche Untersuchungen zeigen schon lange, dass Noten nicht objektiv die Leistungen eines Schülers wiedergeben und daher seinen Talenten auch nicht gerecht werden können. Die Begabungen Ihres Kindes zeigen sich also nur vermeintlich in Benotungen und Zeugnissen und können nur ein Baustein in der Gesamteinschätzung Ihres Kindes sein.

Schulnoten sind in der Regel nicht dazu geeignet, das Begabungsprofil eines Kindes korrekt und vollständig wiederzugeben. Das hat viele Gründe.

– Lehrerinnen und Lehrer bewerten die Leistungen ihrer Schülerinnen und Schüler im Vergleich mit der gesamten Klasse. Hat die Klasse insgesamt ein niedriges Niveau, so erreichen einzelne Schülerinnen und Schüler gute Noten schon mit vergleichsweise durchschnittlichen Leistungen – und umgekehrt.

- Bestimmte Begabungsbereiche, wie sprachliche oder mathematisch-logische Fähigkeiten werden in der Schule gefördert, Kreativität oder motorische Begabung sind hingegen von geringerem Interesse.
- Eine objektive Notengebung ist zwar die Absicht vieler Lehrkräfte, in den meisten Fällen gelingt dies jedoch nicht. Erfahrungsgemäß benoten sie beliebte Schüler besser als unbeliebte.
- Schlechte Schüler werden insgesamt strenger benotet, sie geraten leicht in einen negativen Kreislauf, dem sie aus eigener Kraft u. U. nur schwer wieder entkommen können.
- Noten geben auch keinen Aufschluss darüber, mit welchem Aufwand sie erzielt worden sind. Ist ein Kind besonders fleißig, kann es auch bei durchschnittlicher Begabung sehr gute Leistungen erbringen.

Andererseits können Noten natürlich auch bestätigen, was Sie als Begabung Ihres Kindes erkannt haben. Sie sind ja nicht immer und in jedem Fall falsch. Dennoch ist es ratsam, sich **nicht ausschließlich auf die Aussagekraft von Noten zu verlassen**, wenn Sie das Begabungsprofil Ihres Kindes ermitteln möchten.

Begabung ist nicht gleich Begabung

Obwohl es verschiedene allgemein anerkannte Begabungsbereiche gibt, werden doch bestimmte Fähigkeiten in Schule und Freizeit weitaus intensiver gefördert als andere. Wenn Sie ein sportlich oder musikalisch talentiertes Kind haben, wird Ihnen dies vielleicht schon aufgefallen sein. Schon sehr früh werden sportlich begabte Kinder in spezielle Gruppen eingeladen, um dort ihr Talent auszubauen. Dasselbe gilt für besonders musikalische Kinder, denn in diesen Bereichen besteht ein **etabliertes Förderungssystem**. Kinder mit anderen Talenten haben es nicht so einfach. Kleine Naturwissenschaftler zum Beispiel müssen viele Jahre warten, bis sie endlich in der Schule Physik, Chemie oder Biologie als anerkanntes Lernfach haben. Dort können sie dann ihre Begabungen zu ihrem

Vorteil einsetzen. Vorher glänzen sie vielleicht mit besonderen Leistungen im Fach Sachkunde, das jedoch in der schulischen Leistungsbewertung nicht so weit oben angesiedelt ist. Das Hauptaugenmerk liegt auf den Fächern Mathematik und Deutsch – welche Leistungen ein Kind dort erbringt, beeinflusst zu einem großen Teil auch die Entscheidung über die weiterführende Schule.

Martin war ein mäßig erfolgreicher Schüler, der nach der vierten Klasse nur deshalb das Gymnasium besuchte, weil seine Eltern an sein Talent glaubten. Er hatte sich immer am unteren Ende der Leistungsskala durchgeschlagen. Das änderte sich schlagartig, als er in der sechsten Klasse Chemie als Schulfach bekam. Martin entwickelte ein starkes Interesse an diesem Fach und schrieb durchgängig Bestnoten. In der Oberstufe wählte er Chemie als Neigungsfach und nach dem Abitur studierte er es. Er wurde ein begeisterter und hoch anerkannter Chemiker, was ihm ohne Abitur wahrscheinlich niemals gelungen wäre. Wie gut, dass seine Eltern ihn richtig eingeschätzt und unterstützt haben.

Sprachliche Begabung und Schulerfolg

Viele Untersuchungen zeigen, dass ein sprachbegabtes Kind mit den Anforderungen der Regelschule am besten zurechtkommt. Wer sich gut mündlich ausdrücken kann und auch in seinen schriftlichen Leistungen ganz passable Ergebnisse abgeliefert, kann Defizite im mathematisch-logischen Bereichen wie Mathematik und Naturwissenschaften recht gut ausgleichen. **In nahezu allen Fächern wird es positiv bewertet, wenn ein Kind sprachlich gewandt ist**. Wer hingegen nicht gerne spricht, über einen weniger umfangreichen Wortschatz verfügt und in der Rechtschreibung nicht sicher ist, hat es in der Schule schwer – auch dann, wenn seine naturwissenschaftlichen Leistungen herausragend sind und er vor Kreativität nur so sprudelt. In Deutschland ist es leider so, dass nicht die Schule sich an den Begabungen ihrer Schülerinnen und Schüler orientiert, sondern dass die Kinder sich den Anforderungen der Schule anpassen müssen. Daher passiert es auch immer wieder, dass hochbegabte Kinder nicht erkannt werden und trotz ihrer herausragenden Fähigkeiten in der Schule versagen.

So reifen Begabungen und Talente

Erste Anzeichen für besondere Talente zeigen sich häufig durch ein besonderes Interesse an bestimmten Sachgebieten. Das kann schon früh oder eben auch erst in der Jugend passieren. Durch dieses Interesse fällt den Kindern und Jugendlichen das Lernen in dem betreffenden Bereich besonders leicht. Sie haben Spaß daran und sind hochmotiviert, sich weiter mit dem Thema zu beschäftigen. Je mehr Energien sie in ein bestimmtes Sachgebiet investieren, desto besser wissen sie darüber Bescheid. Das schafft ein Gefühl der **inneren Zufriedenheit**. Wenn die Grenzen des Grundwissens in einem Bereich allmählich erreicht werden, entsteht der Wunsch nach schöpferischer Auseinandersetzung mit speziellen Problemen. Die Kinder und Jugendlichen möchten nicht mehr nur passiv Wissen aufnehmen, sondern sich aktiv betätigen. Ihr Selbstvertrauen in ihr Wissen wächst und sie entwickeln mit der Zeit eine eigene Produktivität, die nach neuen Erkenntnissen strebt.

Lob und Anerkennung spornen an

Es kann gar nicht oft genug betont werden, wie wichtig Lob und Anerkennung für Ihr Kind sind und welche Motivation es daraus zieht. Jeder Mensch freut sich über positive Reaktionen, wenn er etwas gut gemacht hat. Das ist bei Kindern und Jugendlichen nicht anders, auch wenn sie das nicht immer so deutlich zeigen. **Wichtig ist jedoch, die Anstrengungen der Kinder zu loben und nicht das erzielte Ergebnis.** Kinder verwenden oft viel Mühe darauf, Handlungen zu optimieren und Zusammenhänge zu begreifen. Sie machen Fehler, und das ist auch gut so und kein Grund zur Kritik. Wer immer wieder für seine Fehler bestraft wird und keine Anerkennung bekommt für den Mut, etwas auszuprobieren, der verliert irgendwann den Ehrgeiz und resigniert. Versuchen Sie daher Ihre Aufmerksamkeit auf die Anstrengungen Ihres Kindes zu richten. Wie viel Mühe hat sich Ihre kleine Tochter gegeben, um das Glas Wasser endlich mal alleine einzugießen? Was macht da ein Fleck auf der Tischdecke? Wie viele Nachmittage hat Ihr Sohn versucht, das schwierige Gedicht für die Schule auswendig zu lernen? Ist es wirklich so entscheidend, dass die Lehrerin dann doch nicht zufrieden mit seiner Leistung war?

Versuchen Sie sowohl im familiären Bereich als auch in Bezug auf die Schule Ihr Kind darin zu unterstützen, dass es seine **Erfolge und nicht seine Misserfolge beachtet.** Loben Sie positives Verhalten, auch wenn es Ihnen selbstverständlich erscheint. Aber achten Sie darauf, dass Ihre Anerkennung ehrlich gemeint ist. Kinder haben ein sensibles Gespür dafür, wenn ein Lob nur vorgetäuscht ist.

Tamara (5 Jahre) möchte unbedingt für ihre Abschiedsfeier im Kindergarten selber einen Kuchen backen. Mit Feuereifer mischt sie die verschiedenen Zutaten zusammen und verwandelt die Küche schnell in ein Chaos. Schimpfen oder loben? Tamaras Mutter entscheidet sich für die anerkennende Variante und lobt ihr Kind für sein Vorhaben und das selbstständige Arbeiten. Tamara ist sehr stolz und hilft ihrer Mutter nach der Fertigstellung des Kuchens gerne beim Aufräumen der Küche. Ihr persönlicher Einsatz wurde anerkannt und hat ihr ein Erfolgserlebnis beschert. Mit großer Wahrscheinlichkeit hat sie ein Stück Selbstbewusstsein hinzugewonnen und wird sich künftig um solche Aufgaben nicht drücken. Eine gute Grundlage für das künftige Schulkind.

Die positive und anerkennende Reaktion der Mutter eröffnet Tamara ein neues Handlungsfeld. Anstatt in Zukunft die Küche zu meiden, weil sie viel Ärger wegen der Unordnung bekommen hat, hat Tamara hier vielleicht ein neues Interessensgebiet entdeckt, auf dem sie ihre Begabungen entfalten kann. Schließlich haben auch Sterneköche mal klein angefangen.

Sind Begabungen objektiv feststellbar?

Die intensive Beobachtung Ihres Kindes zeigt Ihnen schon recht genau, was in ihm steckt. Seine Schulnoten und die Beurteilungen seiner Lehrer sind ein weiterer Baustein für sein Begabungsprofil. Aussagekräftiger und wesentlich weniger abhängig vom Schulstoff und den pädagogischen Fähigkeiten der unterrichtenden Lehrkräfte sind jedoch **wissenschaftlich fundierte Intelligenz- oder Begabungstests**. Ab einem Alter von sechs Jahren besteht die Möglichkeit, mit Kindern einen solchen Test durchzuführen, um ihre Leistungsmöglichkeiten und ihr Begabungsprofil zu erkennen. Dabei orientieren sich die Testverfahren nicht nur an den Schulfächern, sondern überprüfen auch Fähigkeiten, die für den Schulerfolg nicht ausschlaggebend sind.

Die Bedeutung von Intelligenztests für das Begabungsprofil

Um Begabungen anhand eines Testverfahrens sichtbar machen zu können, ist ein wissenschaftlich abgesichertes Instrument zur Orientierung notwendig. Dazu bieten sich Intelligenzmodelle an, von denen es unterschiedliche Ausführungen gibt.

Die moderne Intelligenzforschung geht nicht mehr ausschließlich von der akademischen Intelligenz (Logik, sprachliche Begabung, räumliches Denken) aus, sondern hat entdeckt, dass sich die allgemeine Intelligenz aus (mehr oder weniger) **sieben verschiedenen Fähigkeiten** zusammensetzt. Manche Intelligenztests gehen auf die verschiedenen Einzelbereiche nicht weiter ein und bieten als Ergebnis nur eine Zahl, den Intelligenzquotienten. Diese Tests sind zur Erstellung eines Begabungsprofils nicht hilfreich. Anders ist es mit umfangreicheren Verfahren, die neben dem Intelligenzquotienten auch die einzelnen Intelligenzbereiche differenzieren.

Der Intelligenzquotient (IQ)

Intelligenztests, die als Ergebnis einen bestimmten Quotienten ergeben, werden seit ungefähr 100 Jahren angewendet. Sie ermöglichen eine relativ zuverlässige und objektive Abschätzung der Begabungen und der Intelligenzhöhe. Diese wird mit einer Zahl ausgedrückt, die sich aus den Ergebnissen der Tests errechnet. Dabei hat man einen **IQ von 100 für eine durchschnittliche Intelligenz festgelegt**. Von einer Hochbegabung spricht man ab einem IQ von 130, was jedoch nur zwei Prozent der jeweiligen Bevölkerung betrifft.

Neben dem ermittelten IQ gibt ein Intelligenztest wichtige Ansatzpunkte für eine gezielte Förderung, denn in vielen Verfahren werden die einzelnen Begabungsbereiche sorgfältig unterschieden und entsprechende Stärken oder Schwächen festgestellt.

Die Begabungsbereiche des im Folgenden vorgestellten Testverfahrens (S. 57 ff.) sind auf der Grundlage der folgenden Tests und Intelligenzmodelle entwickelt und modifiziert worden: des HAWIK III Tests, des Horn-Tests und der Intelligenzdefinitionen von Gardner. HAWIK III dient u. a. der Untersuchung des allgemeinen kognitiven Entwicklungsstandes. Die praktische, die verbale und die allgemeine Intelligenz werden über verschiedene Untertests erfasst: Bildergänzen, allgemeines Wissen, Zahlen-Symbol-Tests, Gemeinsamkeiten finden, Bilderordnen, rechnerisches Denken, Mosaik-Test, Wortschatz-Test, Figurenlegen, allgemeines Verständnis, Symbol-Test, Zahlennachsprechen und Labyrinth-Test. Das „Horn-Test“ genannte Begabungstestsystem besteht aus neun Untertests, die zum Teil eine Weiterentwicklung bekannter Verfahren sind: Muster fortsetzen, einen Menschen zeichnen, Regeln erkennen etc. Der Test erfasst Schul-, Intelligenz- und Konzentrationsleistungen und ist sowohl für Begabte als auch für Schülerinnen und Schüler von Förderschulen geeignet.

Howard Gardner ist mit seiner Theorie der multiplen Intelligenzen bekannt geworden. Diese Theorie kritisiert die Auffassung, es gäbe nur eine einzige Intelligenz. Gardner differenziert sieben Intelligenzen: Sprache, Bewegung, Mathematik, Raum, Empathie, Musik / Kunst und Emotion.

Aufgrund dieser Modellvorlagen ist der Test auf die folgenden sieben Begabungsbereiche eingegrenzt worden. Er gilt für Kinder von sechs bis 12 Jahren.

Begabungsbereiche

Sprachlicher Bereich

Begabungen im sprachlichen Bereich zeichnen sich durch eine besondere Fähigkeit im Umgang mit Sprache aus. Das bedeutet zum einen, dass ein Kind Sprache gut verstehen kann, zum anderen beinhaltet es aber auch einen großen Wortschatz und die Fähigkeit, sich gezielt auszudrücken. Eine sprachliche Begabung zeigt sich in der Schule besonders an der mündlichen Mitarbeit eines Kindes und an seinen schriftlichen Arbeiten wie Aufsatz und Erzählung. Wer sprachlich talentiert ist, hat auch mit abstrakten Texten keine Probleme. Sprachliches Talent ist wichtig für Berufe, in denen viel gesprochen und geschrieben wird. Eine Begabung im sprachlichen Bereich zu haben bedeutet meist auch, dass das Erlernen von Fremdsprachen leichtfällt.

Mathematisch-logischer Bereich

Begabungen im mathematisch-logischen Bereich zeichnen sich durch einen interessierten Umgang mit Zahlen und Zusammenhängen aus. Kinder mit dieser Begabung können gut rechnen und verfügen über die Fähigkeit, logische Zusammenhänge schnell aufzuspüren und zu erkennen. Wie das Beispiel vieler Mathematikerfamilien zeigt, ist mathematische Begabung, genau wie andere Begabungsformen, wohl zumindest teilweise vererbbar. In vielen Intelligenztests wird die mathematisch-logische Begabung u. a. durch das Erkennen von Reihen und Serien überprüft.

Räumlich-visueller Bereich

Diese Begabung kennzeichnet eine visuelle Vorstellungskraft und die Fähigkeit, Proportionen und Formen von Flächen und Räumen zu erfassen. Hinzu kommt ein ganzheitlich-anschauliches Denken, so dass beispielsweise Zimmer in der Vorstellungskraft eingerichtet werden können und das Benutzen von Landkarten und Straßenplänen leichtfällt. Kinder mit dieser Begabung können gut zeichnen und Dinge aus dem Gedächtnis beschreiben. Sie haben eine gute Merkfähigkeit für Gesichter, erinnern leicht

Routen und Wege und finden sich auch in einer fremden Umgebung schnell zurecht.

Körperlich-motorischer Bereich/Bewegung
Grobmotorisch begabte Kinder sind in der Regel sehr sportlich. Sie beherrschen ihren Körper und sind in jeder sportlichen Disziplin mehr oder weniger schnell zu Hause. Ihre Bewegungsabläufe sind geschmeidig und harmonisch. Sie fahren früh Fahrrad, klettern gerne, laufen schnell und erlernen fast jede Sportart ohne Mühe. Im Sportunterricht sind sie gern gesehene Mannschaftsmitglieder. Sie haben ein gutes Gefühl für die Ausmaße ihres Körpers, stoßen sich selten und wirken geschickt.

Sozial-emotionaler Bereich
Sozial-emotional begabte Kinder erfassen zwischenmenschliche Situationen und die damit verbundenen Emotionen schnell und sicher. Sie können Beziehungen zu anderen positiv dadurch beeinflussen, dass sie rasch in der Lage sind, die Befindlichkeiten anderer Menschen zu erkennen. Sie zeigen oft großes Verständnis, sind gute Zuhörer und werden als Freunde hoch geschätzt. Ihre eigenen Gefühle können sie meist sehr genau beschreiben. Je nachdem, auf welche Reaktion sie stoßen, leben sie diese auch aus. Erfahren sie häufig ablehnende Reaktionen auf ihre Gefühlsäußerungen, so werden sie diese kaum noch nach außen tragen und lernen, innerlich damit umzugehen.

Praktisch-naturalistische Begabung
Diese Begabung zeichnet sich durch eine hohe Fähigkeit zum Auffinden von praktischen Problemlösungen aus. Kinder mit dieser Begabungen reparieren oft Alltagsgegenstände und nehmen gern elektrische Geräte auseinander. Kein Werkzeugkasten ist vor ihnen sicher und beim Renovieren der Wohnung helfen sie, wenn sie dürfen, gerne mit. Dabei stellen sie sich sehr geschickt an, lernen schnell und ziehen eine innere Befriedigung aus den Produkten ihrer Arbeit. Was sie mit ihren Händen geschaffen haben, macht sie glücklich.

Künstlerisch-kreativer Bereich
Kinder mit künstlerisch-kreativer Begabung zeichnen sich durch einen großen Einfallsreichtum aus. Sie entwickeln mit Leichtigkeit neue und originelle Ideen und sprühen nur so vor fantasievollen Einfällen. Kreativität betrifft alle Bereiche des Lebens und ist bedeutsam für alle anderen Begabungsbereiche. Der Mathematiker findet kreative Lösungen, ebenso wie der Sprachbegabte fantasievolle Romane schreibt. Künstlerisch-kreative Kinder sind gerne gestalterisch tätig, weil sie dort ihre Ideen optimal umsetzen können.

Zusammenfassung

Verschiedene wissenschaftlich anerkannte Intelligenztests bilden die Grundlage für den im Folgenden vorgestellten Begabungstest. Die Einteilung in sieben Begabungsfelder, denen bestimmte Handlungen zugeordnet werden, schafft eine objektive Grundlage zur Bestimmung von Fähigkeiten und Talenten.

Test für das Schulalter (sechs bis 12 Jahre) zum Erkennen des Begabungsprofils

Der vorliegende Begabungstest kann sowohl von älteren Kindern ab zehn Jahren und Jugendlichen als auch von ihren Eltern ausgefüllt werden. Kinder zwischen sechs und neun Jahren können oft noch keine stimmige Einschätzung ihres Verhaltens vornehmen. Sie neigen dazu, bei fast jeder Frage mit Ja zu antworten. Bei Kindern dieses Alters ist es sinnvoll, dass die Eltern die Antworten überprüfen und gegebenenfalls korrigieren, damit ein verlässliches Ergebnis gewährleistet ist.

So wird der Test durchgeführt

Nehmen Sie sich circa eine halbe Stunde bis 45 Minuten Zeit, um den Begabungstest in einem Durchgang auszufüllen. Das können Sie alleine, mit Ihrem Ehepartner oder auch mit Ihrem Kind gemeinsam machen. Alternativ ist es natürlich auch möglich, die einzelnen Checklisten zu den verschiedenen Begabungsbereichen mit Unterbrechungen auszufüllen. Auf das Ergebnis hat das keinen Einfluss. **Falls Sie bei einigen Fragen keine eindeutige Antwort geben können, lassen Sie die Felder einfach frei oder kreuzen Sie „weiß nicht“ an**. Sollte sich herausstellen, dass jeder von Ihnen unterschiedlich auf die Fragen antwortet, ist es sinnvoller, den Test nur jeweils von einer Person alleine ausfüllen zu lassen. Vergleichen Sie dann die Ergebnisse und sehen Sie nach, ob sich das Begabungsprofil trotzdem gleicht. Ergeben sich wesentliche Abweichungen, sollten Sie in einem gemeinsamen Gespräch über die strittigen Fragen sprechen. Es kann sehr informativ sein, die verschiedenen Standpunkte auszudiskutieren. Lassen Sie ein paar Tage verstreichen und füllen Sie den Test dann erneut aus. Oft haben sich dann viele Fragen geklärt und die Antworten fallen einheitlicher aus.

Die Auswertung des Tests können Sie gleich im Anschluss machen oder auch auf einen späteren Zeitpunkt verschieben. Eine Pause zwischen Test und Auswertung hat keinen Einfluss auf die Ergebnisse.

Die sprachliche Begabung

	Eher ja	Weiß ich nicht	Eher nein
Hat Ihr Kind einen umfangreichen Wortschatz, benutzt es viele unterschiedliche Wörter, um sich auszudrücken?			
Redet Ihr Kind gerne und viel?			
Hat Ihr Kind eher früh, schon vor dem 2. Geburtstag, gesprochen?			
Kann Ihr Kind Ereignisse präzise wiedergeben?			
Liest Ihr Kind gerne vor?			
Spricht Ihr Kind flüssig, findet es immer schnell die richtigen Wörter?			
Zeigt Ihr Kind Interesse an Fremdsprachen?			
Benutzt Ihr Kind fremdsprachliche Wörter im richtigen Zusammenhang?			
Interessiert sich Ihr Kind im Urlaub für die Sprache des jeweiligen Landes?			
Kann Ihr Kind mit Worten andere Personen treffend beschreiben?			
Spielt ihr Kind gerne Scrabble, Galgenmännchen oder andere Spiele mit Buchstaben?			
Kann Ihr Kind aus durcheinander gewürfelten Buchstaben schnell das Wort finden, das sie ergeben?			
Kann Ihr Kind sich Texte gut merken?			
Reimt Ihr Kind gerne und mühelos?			
Erzählt oder erfindet Ihr Kind gerne Geschichten?			
Führt Ihr Kind ein Tagebuch?			
Telefoniert Ihr Kind gerne und viel?			
Kann Ihr Kind gut diskutieren?			
Arbeitet Ihr Kind in der Schule mündlich gut mit?			
Kann Ihr Kind seine Gefühle und Befindlichkeiten gut mit Wörtern ausdrücken?			

Zählen Sie nun die Anzahl der Fragen zusammen, auf die Sie mit Ja geantwortet haben.

Sprachliche Begabung: Summe Ja: ________________

Die mathematisch-logische Begabung

	Eher ja	Weiß ich nicht	Eher nein
Hat Ihr Kind sich schon vor der Schule für Zahlen interessiert?			
Konnte Ihr Kind schon vor der Einschulung bis 20 zählen?			
Zählt Ihr Kind gerne Dinge, z. B. die Teller auf dem Tisch, die Äpfel am Baum oder Menschen in einem Theater?			
Kann Ihr Kind ein Prinzip verstehen und auf einzelne Begebenheiten anwenden? (Z. B.: Nicht nur die Gummistiefel, sondern alle dreckigen Schuhe kommen erstmal auf den Balkon).			
Versteht Ihr Kind Symbole, zum Beispiel Pfeile als Richtungsweiser oder ein Stoppschild?			
Kann Ihr Kind gemäß seinem Alter Mengen durch Zahlen ersetzen?			
Kann Ihr Kind die Punkte auf einem Würfel auf einen Blick als Summe erkennen?			
Hat Ihr Kind keine Schwierigkeiten damit, vertauschte Teile einer Geschichte in die richtige Reihenfolge zu bringen?			
Kann Ihr Kind Reihen logisch fortsetzen? (Z. B.: 2 – 4 – 6 - … was kommt als nächste Zahl?)			
Hat Ihr Kind eine sehr ausgeprägte Frage-Phase durchlaufen?			
Versteht Ihr Kind das „wenn-dann" Prinzip? (Z. B.: Wenn es jeden Tag einen Stempel bekommt, kann es diese am Ende der Woche gegen eine Belohnung eintauschen).			
Hat Ihr Kind Interesse an den Eigenschaften von Materialien? (Fragt es sich z. B.: Ist Wasser immer nass? Was passiert damit, wenn ich es auf die Erde kippe?)			
Untersucht Ihr Kind gerne Dinge und hinterfragt deren Funktion?			

	Eher ja	Weiß ich nicht	Eher nein
Kann Ihr Kind symbolische Reihen fortführen? ■ ● ▲ ■ ...			
Mag Ihr Kind logische Spiele wie Schach oder Dame?			
Kann Ihr Kind sich Spielregeln schnell behalten?			
Zieht Ihr Kind Rückschlüsse aus seinen Erlebnissen: „Ich bin schon gestern zu spät gekommen, wenn das heute wieder passiert, gibt es Ärger."			
Fragt Ihr Kind oft nach, warum etwas so ist, wie es ist?			
Rechnet Ihr Kind gerne?			
Hat Ihr Kind gute Noten in Mathematik oder Physik?			

Zählen Sie nun die Anzahl der Fragen zusammen, auf die Sie mit Ja geantwortet haben.

Mathematisch-logische Begabung: Summe Ja: ____________

Begabung für räumliches Denken und visuelles Wahrnehmen

	Eher ja	Weiß ich nicht	Eher nein
Findet Ihr Kind problemlos nach Hause?			
Kennt es sich in seinem Wohnumfeld gut aus?			
Kann sich Ihr Kind Wege und Straßen schnell merken?			
Findet es sich auch in fremden Gegenden meist recht schnell zurecht?			
Hat Ihr Kind einen Blick für Details?			
Kann sich Ihr Kind Muster gut merken und auch zeichnen?			
Kann sich Ihr Kind beim Sport in der Gruppe (zum Beispiel beim Fußball) schnell und gut orientieren?			

	Eher ja	Weiß ich nicht	Eher nein
Behält Ihr Kind auf einem Spielbrett die Übersicht, zum Beispiel beim „Mensch ärgere dich nicht“ oder Monopoly?			
Kann Ihr Kind sich gut vorstellen, wie viele Flächen ein Objekt (z. B. ein Würfel) hat?			
Gelingt es Ihrem Kind, verschiedene Figuren in jeweils vier gleiche Teile zu teilen (Kreis, Quadrat, Rechteck)?			
Kann Ihr Kind Buchstaben auch lesen, wenn sie auf dem Kopf stehen?			
Kann Ihr Kind recht gut Landkarten oder Straßenkarten lesen, ohne diese hin und her zu drehen?			
Versuchte Ihr Kind schon im Grundschulalter räumlich zu zeichnen?			
Ist in den Zeichnungen Ihres Kindes eine stetige Verbesserung in Bezug auf die räumliche Darstellung festzustellen? (Stellt es beispielsweise Nähe und Entfernung zunehmend dar, indem es etwas größer bzw. kleiner zeichnet?)			
Hat Ihr Kind eine gute Note in Kunst?			
Kann Ihr Kind gut Entfernungen einschätzen?			
Kann Ihr Kind auch bei weiter entfernten Objekten deren Größe einschätzen?			
Weiß Ihr Kind sicher, wo oben, unten, vorne und hinten ist?			
Kann sich Ihr Kind die Gesichter von Personen gut merken?			
Kann Ihr Kind gesuchte Fehler auf Doppelbildern schnell erkennen?			

Zählen Sie nun die Anzahl der Fragen zusammen, die Sie mit Ja beantwortet haben.

Räumlich-visuelle Begabung: Summe Ja: ____________

Die motorische Begabung

	Eher ja	Weiß ich nicht	Eher nein
Hatte Ihr Kind von klein auf einen großen Bewegungsdrang?			
Wirkt Ihr Kind oft voller Energie?			
War Ihr Kind, sobald es laufen konnte, kaum noch zu bremsen?			
Ist Ihr Kind schon früh gerne geklettert?			
Hat Ihr Kind Interesse an verschiedenen Sportarten?			
Ist Ihr Kind im Sport erfolgreich, erbringt es dort gute Leistungen bzw. gute Noten?			
Ist es im Vergleich zu seinen gleichaltrigen Freunden in seiner Bewegungsentwicklung gleich weit oder weiter?			
Treibt Ihr Kind auch außerhalb der Schule Sport, zum Beispiel in einem Verein?			
Kann Ihr Kind sich auf neue Sportarten schnell einstellen?			
Haben sich Trainer oder Sportlehrer schon öfter positiv über die Fähigkeiten Ihres Kindes geäußert?			
Wurde Ihr Kind schon von speziellen Sport-Talentförderern entdeckt?			
Ist Ihr Kind schon vor der Einschulung Fahrrad gefahren?			
Probiert Ihr Kind neue Trend-Sportarten (z. B. Capoeira) gerne aus?			
Ist Ihr Kind nach dem Sportunterricht ausgeglichen und entspannt?			
Kann Ihr Kind auch komplexere Bewegungsabläufe gut koordinieren, z. B. einen Ball erst dribbeln und dann ohne Unterbrechung werfen?			
Bleibt Ihr Kind dem Sport treu, auch wenn es gerade ganz andere Dinge beschäftigen?			
Hat Ihr Kind ein gutes Gleichgewichtsgefühl, kann es zum Beispiel eine Minute lang auf einem Bein hüpfen?			
Schneidet Ihr Kind bei sportlichen Wettbewerben, Bundesjugendspielen oder Wettkämpfen, meistens gut ab?			

	Eher ja	Weiß ich nicht	Eher nein
Geht Ihr Kind auch in seinen Sportverein, wenn die Freunde mal nicht mitkommen?			
Ist Sport ein wichtiger Bestandteil im Leben Ihres Kindes?			

Zählen Sie nun die Anzahl der Fragen zusammen, die Sie mit Ja beantwortet haben.

Motorische Begabung: Summe Ja: ______________

Die sozial-emotionale Begabung

	Eher ja	Weiß ich nicht	Eher nein
Reagiert Ihr Kind sehr sensibel auf Stimmungen?			
Hat Ihr Kind stabile Freundschaften im Kindergarten, in der Schule oder in seinem Wohnumfeld?			
Kann sich Ihr Kind in Gruppen gut zurechtfinden?			
Ist Ihr Kind hilfsbereit, tut es anderen gerne einen Gefallen?			
Hat Ihr Kind Zugang zu seinen Gefühlen, kann es seine Stimmungen beschreiben?			
Zeigt ihr Kind Interesse an den Gefühlen anderer Menschen? Geht es auf Stimmungen ein?			
Ist Ihr Kind sehr harmoniebedürftig?			
Schätzt Ihr Kind andere Kinder gut ein?			
Kann Ihr Kind Konflikte ansprechen und austragen?			
Hat Ihr Kind ein Gespür dafür, ob es anderen gut oder schlecht geht?			
Ist Ihr Kind begeisterungsfähig, kann es sich selbst motivieren?			
Ist Ihr Kind kompromissbereit und findet für zwischenmenschliche Schwierigkeiten oft eine Lösung?			
Vermittelt Ihr Kind gerne zwischen Streitenden?			
Fühlt Ihr Kind mit anderen mit, wenn es denen schlecht oder sehr gut geht?			

	Eher ja	Weiß ich nicht	Eher nein
Hat Ihr Kind ein ausgeglichenes Verhältnis zu seinen Geschwistern?			
Kann Ihr Kind seine Meinung so äußern, dass es andere damit nicht verletzt?			
Kann Ihr Kind anderen leicht vergeben?			
Ist Ihr Kind erst einmal vertrauensvoll anderen gegenüber?			
Ist Ihr Kind fair zu Freunden und Klassenkameraden?			
Ist Ihr Kind ein umgänglicher Mensch, der mit anderen gut zurechtkommt?			

Zählen Sie nun die Anzahl der Fragen zusammen, die Sie mit Ja beantwortet haben.

Sozial-emotionale Begabung: Summe Ja: ______________

Die praktisch-naturalistische Begabung

	Eher ja	Weiß ich nicht	Eher nein
Interessiert sich Ihr Kind für die Funktionsweise von Maschinen?			
Hat Ihr Kind eigene Werkzeuge?			
Ist Ihr Kind geschickt?			
Konnte Ihr Kind schon früh seine Schuhe binden?			
Schraubt Ihr Kind gerne an Dingen herum?			
Baut Ihr Kind gerne Figuren aus Holz oder anderem Material?			
Bastelt Ihr Kind begeistert, zum Beispiel für Weihnachten, Ostern oder Geburtstage?			
Lernt Ihr Kind schnell, wenn es darum geht, neue Werkzeuge zu benutzen?			
Ist Ihr Kind geschickt beim Plätzchen formen?			
Kann Ihr Kind Objekte maßstabgetreu verkleinern oder vergrößern?			
Baut Ihr Kind gerne mit Lego oder Bauklötzen?			
Ist Ihr Kind gerne in der Natur, spielt es oft im Garten oder geht gerne spazieren?			

	Eher ja	Weiß ich nicht	Eher nein
Interessiert es sich für den Wald, seine Tiere und Pflanzen?			
Kann Ihr Kind technische Probleme gut beschreiben?			
Hat Ihr Kind Spaß daran, technische Probleme auch selber zu lösen?			
Macht Ihr Kind selber kleine Handwerksarbeiten (Nagel einschlagen, Glühbirne auswechseln) in der Wohnung bzw. äußert es den Wunsch danach?			
Hilft es gerne beim Renovieren (Abkleben, Streichen, Farbe anrühren) und stellt sich dabei geschickt an?			
Ist Ihr Kind fasziniert von Handwerkern oder handwerklichen Fähigkeiten?			
Schaut Ihr Kind gerne Fernsehsendungen über die Umgestaltung von Wohnungen?			
Sammelt Ihr Kind auf der Straße oder im Wald gerne Material, um zu Hause dann etwas damit zu basteln?			

Zählen Sie nun die Anzahl der Fragen zusammen, die Sie mit Ja beantwortet haben.

Praktisch-naturalistische Begabung: Summe Ja: ___________

Die kreativ-künstlerische Begabung

	Eher ja	Weiß ich nicht	Eher nein
Hat Ihr Kind viele neue Ideen und kann sich gut alleine beschäftigen?			
Ist Ihr Kind besonders wissbegierig, einfallsreich und neugierig?			
Ist Ihr Kind selten um eine Antwort verlegen?			
Hat Ihr Kind viel Fantasie und schmückt Ereignisse gerne aus?			
Langweilt sich Ihr Kind schnell bei Tätigkeiten, die sich wiederholen oder nur mechanisch zu erledigen sind?			

	Eher ja	Weiß ich nicht	Eher nein
Spielt Ihr Kind gerne Rollenspiele und nimmt dabei Einfluss auf die Handlung?			
Erfindet Ihr Kind gerne Geschichten und spielt diese anderen vor oder erzählt sie?			
Macht Ihr Kind fantasievolle Geschenke?			
Findet Ihr Kind auf eine Frage oft verschiedene Antworten?			
Verlässt Ihr Kind gerne eingefahrene Denkmuster? (Z.B. „Warum essen wir nicht mal in einem anderen Zimmer?“ „Heute schlafe ich auf dem Boden!“)			
Handelt Ihr Kind immer wieder mal unkonventionell, weil es eine neue Idee unbedingt umsetzen möchte? (Z.B. im Sommer mit Handschuhen in die Schule gehen.)			
Ist Ihr Kind geistig sehr beweglich und kann Erklärungen leicht folgen, eigenständig weiterdenken?			
Kann Ihr Kind Probleme aus verschiedenen Blickwinkeln betrachten?			
Freut sich Ihr Kind auf Veränderungen, räumt es gerne um oder fährt in Urlaub?			
Geht Ihr Kind bei Unterhaltungen gerne auch mal in die Tiefe? Fragt es nach?			
Stellt Ihr Kind Gewohntes immer wieder mal in Frage? (Z.B.: „Können wir den Weihnachtsbaum denn nicht mal mit Lego dekorieren?“)			
Können Sie das Verhalten Ihres Kindes selten vorhersagen, ist es spontan und impulsiv?			
Hat Ihr Kind eine lebendige Vorstellungskraft, die es manchmal sogar ängstigt?			
Erfindet Ihr Kind manchmal Fantasiegestalten, mit denen es dann spricht?			
Liebt Ihr Kind ausgefallene Verkleidungen und schlüpft gerne in andere Charaktere?			

Zählen Sie nun die Anzahl der Fragen zusammen, die Sie mit Ja beantwortet haben.

Künstlerisch-kreative Begabung: Summe Ja: ______________

Auswertung

Wenn Sie alle Fragebögen sorgfältig gelesen und dann ausgefüllt haben, ergibt sich in jedem Begabungsbereich eine Summe von Ja-Stimmen. Tragen Sie diese Summen bitte hier ein. Die Kreuze bei den beiden anderen Spalten können Sie jetzt vernachlässigen.

Sprachliche Begabung: _______ Ja-Stimmen

Mathematisch-logische Begabung: _______ Ja-Stimmen

Räumliches Denken/
visuelle Wahrnehmung: _______ Ja-Stimmen

Motorische Begabung: _______ Ja-Stimmen

Sozial-emotionale Begabung: _______ Ja-Stimmen

Praktisch-naturalistische Begabung: _______ Ja-Stimmen

Kreativ-künstlerische Begabung: _______ Ja-Stimmen

Nun zeichnen Sie bitte die jeweiligen Summen in das Begabungsprofil auf Seite 68 ein, um deutlich erkennen zu können, wo die Begabungsspitzen Ihres Kindes liegen.

Durch das Einzeichnen der Ergebnisse lässt sich das individuelle Begabungsprofil Ihres Kindes gut verdeutlichen. Dabei sind die unterschiedlichsten Muster denkbar, denn alle Talente können mehr oder weniger stark ausgeprägt sein. Häufig zeigen sich bei einem Kind oder Jugendlichen auch zwei oder drei Schwerpunkte. Diese Begabungen im späteren Leben und besonders auch in der Berufswahl geschickt miteinander zu kombinieren ist eine knifflige, aber letztlich sehr lohnende Aufgabe.

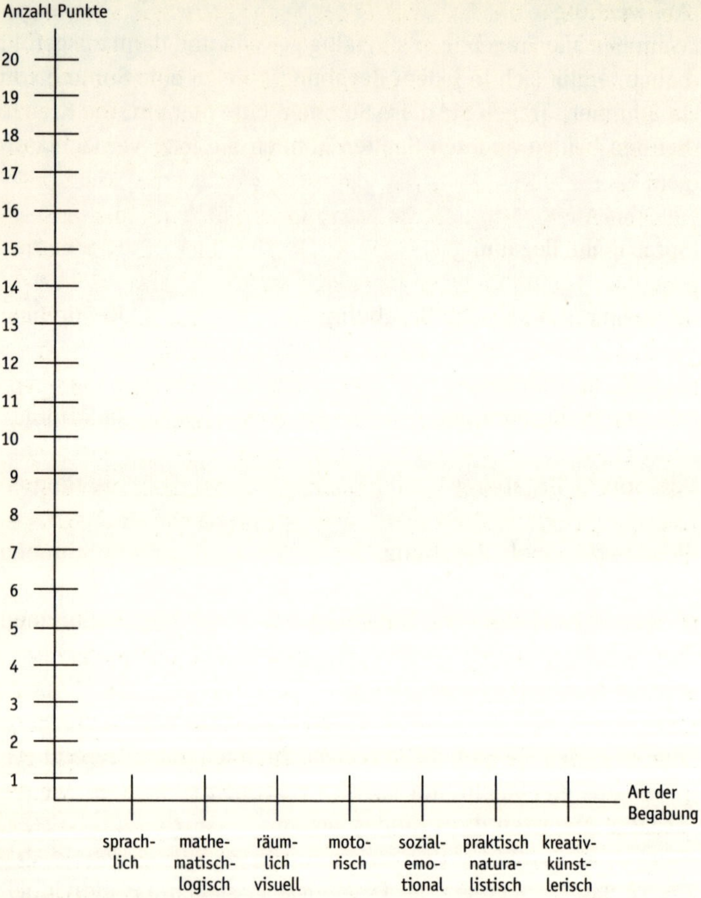

Überprüfen Sie die Ergebnisse in der Praxis

Vielleicht sind Sie noch skeptisch und möchten weitere Belege für das Begabungsprofil Ihres Kindes? Auch ohne das sorgfältige Ausfüllen der Checklisten sind bei vielen Kindern und Jugendlichen ihre Begabungen gut in ihrem Verhalten zu erkennen.

Erinnern Sie sich an die letzte Familienfeier? Fragen Sie Ihr Kind doch heute Abend einmal, was es davon behalten hat. Kann es sich besonders gut an die Unterhaltungen erinnern, dann wäre dies ein Beweis für sein sprachliches Interesse. Erzählt es eher von der neuen Multifunktionsuhr an Großvaters Arm, so scheint sein Interesse an mathematisch-logischen Dingen ausgeprägt zu sein. Oder kann es Ihnen genau beschreiben, wer welches Kleid oder welchen Anzug angehabt hat? Das spricht für ein künstlerisch-kreatives und auch visuelles Talent. Hat sich Ihr Kind jedoch eher gemerkt, wie die Stimmung bei dem Ereignis war und ob sich Streitigkeiten entwickelt haben, so zeigt dies seine sozial-emotionale Begabung. Vielleicht hat Ihr Kind aber auch während der gesamten Feier hingebungsvoll mit dem neuen Hund der Tante gespielt und ihm Kunststückchen beigebracht, ein deutliches Zeichen für ein praktisch-naturalistisches Interesse. Wenn es sich gut an die Tischordnung erinnern kann und sich auch den Hin- oder Rückweg eingeprägt hat, lässt dies auf eine gute räumlich-visuelle Orientierung schließen.

Oder Sie rufen sich ein anderes bedeutsames Ereignis in Erinnerung und probieren es erneut. Wie wäre es mit dem letzten Spaziergang im Wald, dem Ausflug in den Freizeitpark oder dem letzten Urlaub? Welche Ereignisse waren für Ihr Kind besonders bemerkenswert? Kann es sich an Farben, Töne oder Unterhaltungen erinnern? Welche Gefühle beschreibt es und was hat ihm am besten gefallen?

Decken sich Ihre Erkenntnisse beim Vergleich mit den Ergebnissen des Begabungsprofils? Schön! Wenn nicht, sollten Sie vielleicht einmal einen neutralen Beobachter befragen und mit diesem das Verhalten Ihres Kindes diskutieren. Das folgende Beispiel verdeutlicht noch einmal die unterschiedlichen Begabungsbereiche.

Familie S. besucht mit ihren fünf Kindern einen großen Freizeitpark. Gemeinsam entscheiden sie sich für eine schnelle Fahrt mit dem Piratenboot in die geheimnisvolle Unterwasserwelt der räuberischen Seefahrer. Gespannt und neugierig beginnen sie die abenteuerliche Reise. Schon während der Fahrt, aber auch im Anschluss daran sprechen sie über ihre Erlebnisse. Was ist den einzelnen Familienmitgliedern besonders aufgefallen?

Anna (kreativ-künstlerisch): „Ich fand die vielen bunten Kostüme der Figuren wunderschön. Wie kunstvoll sie gearbeitet waren und welche Mühe es gekostet haben muss, die alten Uniformen und die aufwändigen Kleider der Frauen herzustellen. Die Musik hat mir auch gefallen, sie hat gut zur Umgebung gepasst. Am schönsten fand ich aber den riesigen Berg von Goldmünzen und Diamanten kurz vor Ende der Fahrt. Wie der geglitzert hat, das war einfach fantastisch! Wenn wir wieder zu Hause sind, kaufe ich mir ein paar bunte Glassteine und nähe oder klebe sie auf meine Lieblingsjeans. Das sieht bestimmt toll aus!"

Jens (mathematisch-logisch): „Also die Fahrt war ja ganz lustig, aber mich hat gestört, dass viele Dinge einfach nicht naturgetreu dargestellt wurden. Die haben ganz schön übertrieben in der Piratenwelt. Eigentlich sollte das ja die Karibik sein, aber einige der Fischarten aus den verschiedenen Grotten gibt es dort ja gar nicht. Ich finde, wenn man schon so eine Fantasiewelt aufbaut, sollten auch die Details stimmen. Interessieren würde mich, aus welchem Material die Felsen und Inseln hergestellte wurden, was das Ganze gekostet hat und wie lange die Sachen sich im Wasser halten."

Beatrice (sozial-emotional): „Wenn ich mir vorstelle, wie die Menschen damals gelebt haben, tun die mir furchtbar Leid. Habt ihr die ganzen betrunkenen Seefahrer und Piraten gesehen? Die hatten früher bestimmt kaum Geld und sind nicht besonders alt geworden. Muss ganz schön gefährlich gewesen sein, auf einem Piratenschiff zu leben. Manche hatten nur ein Bein oder nur einen Arm. Und die armen Tiere, die Katzen und Hunde sind bestimmt nicht gut behandelt worden. Ich bin froh, dass ich nicht in dieser schwierigen Zeit gelebt habe."

Tom (motorisch): „Am liebsten hätte ich unser Boot selber gesteuert. Ich finde es blöd, dass man gar keinen Einfluss darauf hat, wohin es fährt. Richtig klasse fand ich die beiden Abfahrten, wo wir durch die Wasserfälle und dann bergab gefahren sind. Das hat richtig schön im Magen gekribbelt, so was finde ich toll. Leider mussten wir relativ lange anstehen, bis wir uns endlich in das Boot setzen konnten. Ich warte nicht gerne, da steht man immer so blöd rum."

Max (praktisch-naturalistisch): „Toll, wie die das da alles aufgebaut haben. Am liebsten würde ich zu Hause auch eine Piratenwelt basteln. Ich würde mir einen großen Schaumstoffblock kaufen, daraus eine Felswand schnitzen und die dann grau anmalen. Meine Playmobilmännchen bemale ich als Piraten und mit etwas Sand und Wasser baue ich mir ein Meer. Wenn es groß genug wird, setze ich meine Goldfische hinein. Ein Piratenschiff habe ich auch noch irgendwo stehen. Das wird toll!"

Vater S. (räumlich-visuelle Begabung): „Mensch, habt ihr eigentlich gemerkt, dass wir zweimal einen großen Kreis gefahren sind mit dem Boot? Man denkt, man fährt die ganze Zeit geradeaus, aber in Wirklichkeit haben wir uns in einer Art Spirale bewegt, so dass wir am Ende genau dort wieder herauskommen, wo wir am Anfang eingestiegen sind. Die haben den ihnen zur Verfügung stehenden Platz wirklich optimal ausgenutzt. Ich habe mir genau gemerkt, welchen Weg wir gefahren sind. Falls die Boote also mal eine Panne haben und stehen bleiben, kann ich euch problemlos aus dem Labyrinth herausführen."

Mutter S. (sprachliche Begabung): „Das war schon eine schöne Fahrt, aber ich hätte gerne etwas mehr über die Geschichte der Piraten erfahren. Schade, dass die ganze Zeit nur Musik lief. Man hätte doch auch zu jeder Grotte noch etwas erklärt bekommen können. Das Ganze war zwar schön anzusehen, aber Informationen über die Epoche haben wir nicht bekommen. Habt Ihr übrigens dieses Pärchen im Boot hinter uns bemerkt? Die haben die ganze Zeit nur nach Fehlern an den Figuren gesucht. Das ständige negative Gerede der beiden hat mir gar nicht gefallen und mich von der Fahrt sehr abgelenkt."

Natürlich sind die verschiedenen Wahrnehmungen und Erinnerungen hier zum besseren Verständnis in einer Reinform dargestellt. So ausgeprägte Begabungen auf nur einem Gebiet finden sich eher selten. Normalerweise vereint eine Person zwei oder drei verschiedene Begabungen, die sich im Idealfall gut ergänzen und wunderbar miteinander kombinieren lassen.

Begabung allein ist nicht alles

Ohne die Aussagekraft des Begabungsprofils schmälern zu wollen, möchte ich an dieser Stelle auch drauf hinweisen, dass sich alle Fähigkeiten durch ausdauerndes Üben auch ohne ein vorhandenes Talent durchaus stark entwickeln oder weiterentwickeln lassen. Das **Interesse an einem Wissensgebiet** ist von großer Bedeutung und hat enormen Einfluss auf die Weiterentwicklung einer Fähigkeit. Umgekehrt gilt dasselbe: Wer eine Begabung nicht weiterentwickelt, der wird auf dem betreffenden Gebiet auch keine großartigen Leistungen vollbringen können.

Beispiele dafür, dass Üben und Trainieren sich lohnt, gibt es unzählige, und sie sollten den weniger talentierten Kindern und Jugendlichen Mut machen, ihre Ziele zu verwirklichen.

So ist es zum Beispiel der Traum vieler Jungen, im Zeitalter von Computern und Spielkonsolen einmal ein eigenes PC-Game zu entwickeln. Doch für das Erlernen einer Programmiersprache und den Besuch von Informatikkursen sind mathematische Kenntnisse von großer Bedeutung. Der künstlerisch-kreativ begabte Computerfan hat das Drehbuch für ein aufregendes, neues Abenteuerspiel bereits fertig in seinem Kopf. Er weiß, wie die Spielumgebung aussieht, welche Charaktere darin vorkommen, in wieviel Welten die Abenteuer stattfinden, welche Musik das Spiel begleiten soll und worin letztlich der Sinn des Spieles besteht. Dies alles kann er jedoch nur verwirklichen, wenn er sich auf einem hohen Niveau mit der Programmierung auseinandersetzt. Auch ohne eine herausragende mathematisch-logische Begabung ist dies durchaus möglich. Je größer das **Interesse und je höher die Motivation** ist, desto konsequenter wird ein Kind oder Jugendlicher versuchen, sein Ziel zu erreichen. Engagement, Arbeitseifer, Konzentrationsfähigkeit und Durchhaltevermögen helfen ihm dabei, die jeweiligen Fähigkeiten zu erweitern, um das Spiel fertigzustellen.

Im Gegenzug dazu hat der mathematisch-logisch hoch talentierte Jugendliche, der weder über Motivation noch über eine konzentrierte Arbeitshaltung verfügt, kaum Chancen, jemals ein eigenes Computerspiel fertigzustellen. Seine Begabung nützt ihm wenig, wenn er sie nicht kontinuierlich ausbaut, regelmäßig übt und mit der richtigen Arbeitseinstellung nutzt. Eine Begabung als Anlage kann sich eben nur dann richtig entwickeln, wenn ein Kind eine unterstützende Umwelt vorfindet und seine Anlagen durch fördernde nichtkognitive Persönlichkeitsmerkmale, wie Leistungsmotivation, ergänzt werden.

Begabungen kombinieren

Unterschiedliche Begabungen lassen sich vielfach durchaus sinnvoll miteinander kombinieren. So kann beispielsweise ein praktisch begabter Mensch, der gleichzeitig auch über eine hohe Kreativität verfügt, als Künstler im Bereich der Bildhauerei seine Erfüllung finden. Hier kann er seinen Einfallsreichtum und seine Fantasie mit Hilfe seiner motorischen Geschicklichkeit an verschiedenen Materialien ausleben und damit vielleicht sogar künstlerische Erfolge feiern. Sollte Ihr Kind dieses Begabungsprofil aufweisen, liegt es nahe, ihm ein künstlerisches Hobby zu ermöglichen. Wie wäre es mit einem Mal- oder Töpferkurs, in dem es seine Begabung weiterentwickeln kann?

Die Kombination motorisch begabt und sprachgewandt könnte perfekt auf einen künftigen Sportmoderator passen, sozial und kreativ begabte Menschen sind im Bereich der Pädagogik und der Lehrberufe gut aufgehoben.

Kreativität und Begabung

Für das Erbringen herausragender Leistungen ist Kreativität in allen Bereichen unerlässlich, denn sie ermöglicht Ihrem Kind, neue Lösungsmöglichkeiten für Probleme zu entdecken, indem es eine Vielzahl ungewöhnlicher Ideen produziert und dadurch neue Zusammenhänge herstellt. Kreatives Denken ist durch verschiedene typische Merkmale geprägt. Zum einen ist die **Einmaligkeit** und die **Besonderheit** von Ideen zu nennen, die die gewohnten Wege des Denkens verlassen. Zum anderen verfügen kreative Menschen über eine **große geistige Beweglichkeit**, die es ihnen ermöglicht, schnell zwischen verschiedenen Ebenen zu wechseln, um so eine Problematik aus verschiedenen Blickwinkeln zu betrachten. Typisch für kreative Menschen ist auch die **große Zahl an Einfällen** und Ideen.

Kreativität kann anstrengend und unbequem sein, denn wenn ein Kind wach und einfallsreich durch den Alltag geht, sind Familie und Schule oft stark gefordert. Die Fähigkeit, Gewohntes ständig in Frage zu stellen, ist bewundernswert, erfordert aber auch ein hohes Maß an Kraft und Energie. Doch um die Begabungen Ihres Kindes optimal zu fördern, sollten Sie auf seine Aktivitäten und Ideen verständnisvoll eingehen und ihm die entsprechenden Hilfen zur Verfügung stellen.

Zusammenfassung

Der Begabungstest konzentriert sich auf sieben unterschiedliche Bereiche und das Ergebnis kann von Kind zu Kind sehr unterschiedlich ausfallen. Doch ob nun herausragende Talente ersichtlich werden oder das Begabungsprofil etwa gleich ausgeprägte Fähigkeiten in allen Bereichen zeigt – wichtig ist, die erkennbaren Anlagen ihres Kindes zu fördern und durch eine anregungsreiche und unterstützende Umwelt auszubauen. Lesen Sie im folgenden Kapitel, wie das am besten funktioniert.

So kann Ihr Kind seine Fähigkeiten und Begabungen nutzen

Wie wichtig Anregungen aus Schule und Elternhaus für die Förderung von Begabungen sind, ist schon mehrfach angesprochen worden. Bei älteren Kindern bieten neben dem persönlichen Kontakt, den wichtigen Gesprächen mit Freunden und Erwachsenen auch die Bildschirmmedien eine Fülle von Möglichkeiten, ihre Interessen an einem Wissensgebiet zu befriedigen. Dabei ist erfahrungsgemäß das passive Wissen, das über die Wahrnehmungskanäle aufgenommen, aber nicht in Handlung umgesetzt wird, weniger wertvoll als das so genannte **Handlungswissen**. Lassen Sie Ihr Kind daher so oft wie möglich Dinge selber ausprobieren. Ein Butterbrot selbst zu schmieren bietet den Wahrnehmungskanälen eine Fülle von Informationen (das Brot zerbröckelt leicht, die kalte Butter ist hart, etc.), die über das bloße Zusehen nicht vermittelt werden können.

Fördertipps für Eltern

Wenn Kinder etwas gut können und gerne machen, dann wiederholen sie es ganz von selbst. Anders sieht es jedoch aus, wenn Ihrem Kind Tätigkeiten nicht leichtfallen und es wenig Erfolgserlebnisse dabei hat. Da passiert es schnell, dass bestimmte Dinge einfach vermieden werden. Das ist nicht immer gut, denn ohne Übung entwickeln sich Fähigkeiten nicht weiter. Würde Ihr Kind beispielsweise niemals üben, einen Schnürsenkel zuzubinden, würde es diese Fähigkeit auch nicht erwerben. Und wer den Umgang mit Messer und Gabel nicht trainiert, wird bei Tisch immer etwas fehl am Platz wirken. Ein Kind auch in den Bereichen zu aktivieren, in denen es nicht so geschickt ist, stellt an sich noch keine Überforderung dar und entspricht letztlich seinem eigenen

Interesse. Mit den folgenden Fördertipps können Sie Ihrem Kind spielerisch helfen, seine Fähigkeiten in allen Begabungsbereichen auszubauen.

Mathematisch-logischer Bereich

Es gibt eine Reihe von (Brett)-Spielen, die das logische Denken fördern. Dazu gehören unter anderem Master Mind, Mühle, Genial, Schach oder Dame, aber auch Strategiespiele wie Risiko oder Stratego. Je nach Alter Ihres Kindes können Sie Spieleabende mit der ganzen Familie oder auch nur zu zweit veranstalten, bei denen es für den Sieger eine kleine Belohnung gibt. Aber auch im Alltag lässt sich Logik leicht trainieren. Lassen Sie Ihr Kind einen Einkauf planen, bei dem es mit einem bestimmten Etat zurechtkommen muss. Oder kochen Sie gemeinsam, wenn Besuch da ist, und lassen Sie Ihr Kind ein Rezept für vier Personen auf acht Personen hochrechnen. Auch bei der Planung einer Urlaubsreise können Sie das logische Denken Ihres Kindes fördern, indem es sich eine Route ausdenkt und Hotelpreise vergleicht. Oder entwickeln Sie gemeinsam das Konzept für die nächste Geburtstagsfeier. Wie viele Kinder werden eingeladen, was brauchen sie zu essen und zu trinken, welche Spiele werden vorbereitet und um wieviel Uhr ist die Party vorbei? Bei all diesen Tätigkeiten muss Ihr Kind planen, experimentieren, bewusst nachdenken und die richtigen Schlüsse ziehen. Je häufiger es dies übt, desto besser wird es ihm gelingen.

Sprachlicher Bereich

Im sprachlichen Bereich fördern Sie Ihr Kind, indem Sie es immer wieder zum Sprechen, Schreiben und Lesen motivieren. Kaufen oder leihen Sie Ihrem Kind in regelmäßigen Abständen ein interessantes Buch zu einem Thema, für das es sich begeistern kann und sprechen Sie mit ihm über den Inhalt. Seien Sie aufmerksam und hören Sie zu, wenn Ihr Kind Ihnen etwas aus seinem Alltag erzählt. Fragen Sie auch immer wieder mal nach und stellen Sie detaillierte Fragen, damit es bestimmte Vorgänge ausführlicher beschreiben muss.

Lesen Sie Ihrem Kind aus Zeitschriften oder der Tageszeitung vor, wenn Sie ein Thema finden, das es interessieren könnte. Fragen Sie nach seiner Meinung und nehmen Sie seine Ideen ernst. Vielen Kindern macht es auch Spaß, kleine Theaterstücke als Rollenspiel mit der Familie zu lesen. Oder nutzen Sie die neuen Medien und bitten Sie Ihr Kind, Ihnen jeden Tag eine kurze E-Mail oder eine SMS zu schreiben.

Sozial-emotionaler Bereich

Um die sozialen und emotionalen Kompetenzen eines Kindes zu fördern, ist Kontakt zu Gleichaltrigen unerlässlich. Fördern Sie daher alle Bestrebungen Ihres Kindes, sich mit Freunden oder Klassenkameraden zu treffen und an Gruppenangeboten teilzunehmen. Auch der Umgang mit Geschwistern fördert die Fähigkeiten auf andere einzugehen, Kompromisse zu schließen und Konflikte konstruktiv zu lösen. Versuchen Sie nicht, emotional fordernde Situationen in der Familie von Ihrem Kind fernzuhalten. Ein schwelender Konflikt und unterdrückte Aggressionen belasten oft mehr als offen ausgetragene Streitigkeiten. Achten Sie jedoch unbedingt darauf, dass Ihr Kind nicht nur den Konflikt, sondern auch die Versöhnung mitbekommt.

Für ältere Kinder, die bereits die weiterführende Schule besuchen, kann es sehr lehrreich sein, ein soziales Praktikum von ein bis drei Wochen abzuleisten. Das kann die Unterstützung von älteren Menschen sein, Hospitation in einem Kindergarten oder Mithilfe bei einer gemeinnützigen Organisation.

Räumliches Denken

Im Kunstunterricht in der Schule, zu Hause oder in einem privaten Kunstkurs kann Ihr Kind nicht nur sein visuelles Vermögen, sondern auch sein räumliches Denken schulen. Das dreidimensionale Malen fällt manchen Kindern ganz leicht, andere brauchen eine Weile, bis sie es verstanden haben. Wenn Sie mit dem Auto, mit Bus oder Bahn unterwegs sind, bitten Sie Ihr Kind, die Strecke auf einer Straßenkarte zu verfolgen. Auch das Lesen von Landkarten fördert das räumliche Denken. Planen Sie doch mal auf dem Papier eine Reise von einem Kontinent zu einem anderen und bitten Sie Ihr Kind, die Route anhand der Karten festzulegen. Spaß macht auch das folgende Spiel: Ihr Kind soll mit verbundenen Augen unterschiedliche Holzklötzchen (Quadrat, Dreieck, Rechteck, Trapez, Pyramide) ertasten und die Anzahl seiner Außenflächen benennen.

Motorischer Bereich

Fast alles was mit Bewegung zu tun hat, fördert die motorische Begabung Ihres Kindes. Falls Sie einen so genannten „Couch-Potato" zu Hause haben, der sich nur ungern bewegt und am liebsten in Büchern schmökert oder vor dem Fernseher oder Computer sitzt, müssen Sie schon einiges an Energie aufwenden, um Ihr Kind regelmäßig zur Bewegung oder sportlicher Betätigung zu motivieren. Manchmal geht das am besten gemeinsam. Vielleicht hat Ihr Kind Lust, mit dem Papa jeden Abend eine Runde zu joggen? Gemeinsame Spaziergänge auf Trimm-Dich-Pfaden, Minigolf oder Bowling, Federball spielen und Drachen steigen lassen begeistert oft auch unsportliche Kinder. Wichtig ist, dass Sie Ihrem Kind ein Vorbild sind und selbst eine positive Haltung zur Bewegung haben.

Künstlerisch-kreativer Bereich

Ihr Kind singt nicht gerne, malt Bilder nur in schwarz-weiß und ist auch beim Gestalten mit Knete nicht besonders einfallsreich? Dann müssen Sie es bei seinen ureigensten Interessen packen, um ein wenig künstlerische Kreativität zu wecken. Vielleicht lässt es sich ja motivieren, sein eigenes Zimmer neu zu gestalten. Dafür soll es einen Plan erstellen mit exakten Zeichnungen der Möbel und Gegenstände, die es gerne hätte.

Besonders zu Geburtstagen oder an Weihnachten sind einfallsreiche Geschenkideen gefragt, die Sie dann gemeinsam mit Ihrem Kind umsetzen können. Sammeln Sie doch bei einem Waldspaziergang mal schöne Steine, Blätter, Äste oder Früchte. Vielleicht hat Ihr Kind eine gute Idee, was man damit zaubern könnte.

Im nächsten Sommerurlaub können Sie am Strand aus nassem Sand Skulpturen bauen oder im Winter aus Schnee nicht nur Schneemänner, sondern auch Tiere formen.

Praktisch-naturalistischer Bereich

Manche Kinder tun sich schwer damit, sich selbst ein Brot zu schmieren oder die Knöpfe am Hemd richtig zu schließen. Nehmen Sie Ihrem Kind diese Tätigkeiten dennoch nicht immer wieder ab. Schließlich braucht es eine gewisse Geschicklichkeit mit den Fingern, und die wird nur durch Üben erreicht. Vielleicht ist der Beitritt zu den Pfadfindern oder die Teilnahme an einem Ferienlager eine gute Möglichkeit, die praktisch-naturalistischen Fähigkeiten Ihres Kindes zu fördern. In einer Gruppe Gleichgesinnter ist es sicherlich viel stärker motiviert, seine Fähigkeiten zu erweitern, um es den anderen nachzutun. In der Natur liegt oft auch sehr viel deutlicher auf der Hand, warum es wichtig ist, bestimmte Fähigkeiten zu erlernen. Wer friert, hat ein Interesse daran, ein Feuer anzünden zu können. Und wer Hunger hat, der schnappt sich auch schon mal ein Messer und säbelt selber eine Scheibe Brot ab, anstatt nach der Mama zu rufen. Versuchen Sie aber auch, Ihr Kind einzubinden, wenn Reparaturen am Fahrrad oder im Haushalt anstehen. Dadurch lernt es den Umgang mit Hammer, Nagel, Säge und Schraubenziehern und verliert seine Angst vor Werkzeugen.

Fernsehen und Computer sinnvoll nutzen

Sowohl der Fernseher als auch der Computer sind heute fester Bestandteil der Informationswelt und können bei der Förderung von

Begabungen durchaus nützlich sein. Doch Kinder müssen lernen, mit diesen Medien angemessen umzugehen, ihre Vorteile zu nutzen und ihre Möglichkeiten auszuschöpfen. Leicht passiert es, dass sie sich stundenlang von einem Computerspiel oder von Fernsehfilmen fesseln lassen und dabei in eine Art Sog geraten. Sie können dann kaum noch aufhören und lassen sich Tag für Tag immer wieder von „seichter" Unterhaltung berieseln. Diese Art der Beschäftigung mit den Bildschirmmedien blockiert auf Dauer die Entwicklung von Talenten.

Damit dies nicht passiert, brauchen Kinder sowohl einen festen zeitlichen Rahmen für die Nutzung von Fernsehen und Computer als auch inhaltlich sinnvolle Angebote. Wenn Ihr Kind sich mit Denk-, Geschicklichkeits-, Strategie- oder Simulationsspielen beschäftigt oder ein Schreib- oder Malprogramm benutzt, dann kann dies sehr wohl einen Gewinn für seine Entwicklung sein.

Besonders bei Grundschulkindern ist es jedoch wichtig, dass Sie vor der Nutzung der Bildschirmmedien einen **zeitlichen Rah-**

men festlegen und konsequent auf dessen Einhaltung achten. Und noch ein wichtiger Punkt, den Sie bei der Nutzung des Internets unbedingt beachten sollten: Aktivieren Sie unbedingt einen Jugendfilter, damit Ihr Kind keine gewalttätigen oder pornographischen Internetseiten aufrufen kann, und kontrollieren Sie die Einstellungen immer wieder. Sinnvoll ist es auch, als Startseite des Computers eine Kindersuchmaschine einzurichten, zum Beispiel www.blinde-kuh.de

Hier finden Sie Bewertungen von Fernsehsendungen und Computerspielen durch Experten:
„Geflimmer im Zimmer“ und **„Ein Netz für Kinder – surfen ohne Risiko“**
Broschüren des Bundesministeriums für Familie, Senioren, Frauen und Jugend. Zu bestellen bei www.bmfsfj.de
„Flimmo“: Kostenlose Programmberatung für Eltern. Zu bestellen bei www.flimmo.de
„Klicks-Momente: So unterstützen Sie Ihr Kind bei der Medienkompetenz“. Zu bestellen bei www.polizei-beratung.de

Wenn sich Ihr Kind für ein bestimmtes Wissensgebiet besonders interessiert, dann erhält es Informationen zu diesem Thema am schnellsten und umfangreichsten über das Internet. Kein anderes Informationsmedium ist so flexibel und vielseitig, und die Hälfte aller acht- bis 12-jährigen Kinder nutzt bereits diese Möglichkeit. Doch auch im Fernsehen gibt es spannende und informative Sendungen. Zur Förderung der verschiedensten Begabungen können Kinder und Jugendliche sich über die folgenden Angebote informieren:

- Wissenssendungen im Fernsehen
- Dokumentationen im Fernsehen
- Computerspiele (themenbezogene Spiele wie beispielsweise „Physikus“ für an Chemie und Physik interessierte Kinder)
- Diskussionen mit Gleichgesinnten im Internet (Chatrooms)
- Weltweite, tagesaktuelle Meldungen im Internet

Zehn Tipps, wie Sie Ihr Kind am besten unterstützen können

Zur Entfaltung seiner Talente ist Ihr Kind auf Ihre Unterstützung angewiesen. Ohne Anregungen durch seine direkte Umwelt und entsprechende Beschäftigungsmöglichkeiten kann es passieren, dass Begabungen nicht erkannt werden oder verkümmern.

Die folgenden Tipps sollen Ihnen helfen, Ihr Kind optimal zu unterstützen und zu fördern:

1. Planen Sie gemeinsame Unternehmungen, die den Interessen Ihres Kindes entgegenkommen. Aktuelle Ausstellungen, Museumsbesuche oder Wanderungen können der ganzen Familie viel Spaß machen.
2. Nehmen Sie sich jeden Tag zehn Minuten, die ganz alleine für Ihr Kind reserviert sind. Versuchen Sie im gemeinsamen Gespräch herauszufinden, was Ihr Kind den Tag über beschäftigt hat und was ihm besonders gefallen hat.
3. Ermutigen Sie Ihr Kind auf jeden Fall, seine Einfälle und Ideen anzusprechen und wenn möglich in die Tat umzusetzen.
4. Zeigen Sie Ihrem Kind, dass Sie seine Interessen spannend und unterstützenswert finden. Stellen Sie Fragen und ermutigen Sie Ihr Kind, sich noch intensiver mit der Thematik auseinanderzusetzen.
5. Helfen Sie Ihrem Kind, selbstbewusst und eigenständig zu handeln. Bremsen Sie seine Wissbegier nicht, solange es nicht unbedingt notwendig ist.
6. Solange ein Kind sich mit einer Aufgabe beschäftigt, sollten Sie es möglichst nicht unterbrechen. Damit vermeiden Sie, dass die Begeisterung nachlässt und die Kreativität unterdrückt wird.
7. Wenn Ihr Kind eine besondere Leistung erbracht oder sich kontinuierlich angestrengt hat, hat es Lob und Anerkennung verdient. Das motiviert und spornt zu weiteren Anstrengungen an.
8. Unterstützen Sie Ihr Kind darin zu lernen, sich auch über einen längeren Zeitraum konzentriert alleine zu beschäftigen. Greifen Sie nur ein, wenn Ihr Kind Ihre Unterstützung anfordert.

9. Beziehen Sie Ihr Kind in die Freizeitgestaltung mit ein. Beim gemeinsamen Durchblättern der Tageszeitung finden Sie vielleicht interessante Ausflugsziele oder Ausstellungen.
10. Seien Sie sich bewusst, dass Sie für Ihr Kind Vorbild sind!

Begabung und Freizeit

Bei vielen Kindern ist die begabungsorientierte Förderung ganz einfach: Sie sind motorisch begabt und besuchen gemeinsam mit ihren Freunden schon früh einen Sportverein. Dort können sie ihre Talente ausleben und weiterentwickeln. Andere sind begabte Maler, Tänzer oder Schachspieler und suchen sich genau in diesen Bereichen auch ihre Freizeitbeschäftigung aus. Erfolgserlebnisse ergeben sich fast von allein, da die Kinder und Jugendlichen sich eine Aktivität ausgesucht haben, die ihren Fähigkeiten sehr entgegenkommt. Ihr Selbstbewusstsein steigt und durch die **positive Bestätigung** werden sie zu noch mehr Leistung und weiteren Erfolgen motiviert.

Schwieriger ist es, wenn Kinder und Jugendliche ein Hobby auswählen, für das sie nicht so viel Talent (aber großes Interesse) mitbringen. Hier ist die pädagogische Sensibilität der Lehrer und Trainer gefragt, damit die Freizeitaktivität nicht zu einer Enttäuschung wird. Durch konsequente, liebevolle und kontinuierliche Förderung kann jedes Kind seine Fähigkeiten steigern, ganz gleich ob es ein Talent zu einer bestimmten Sache hat oder nicht. **Die Anerkennung der Leistung sollte sich daher immer an der individuellen Entwicklung orientieren**. Sprechen Sie mit dem Trainer oder Lehrer Ihres Kindes, wenn Sie merken, dass es in dem jeweiligen Bereich nur langsam Fortschritte macht. Besuchen Sie die eine oder andere Unterrichtsstunde und beobachten Sie, ob die Anstrengungen Ihres Kindes gewürdigt werden oder ob es trotz seiner Bemühungen weniger Anerkennung als höher begabte Kinder bekommt. Falls Sie das Gefühl haben, dass Ihr Kind in der Gruppe nicht wirklich akzeptiert ist oder vom Trainer/Lehrer nicht genügend Anerkennung bekommt, denken Sie über einen Kurswechsel nach. Da es hier um eine Freizeitbeschäftigung geht, die auf jeden Fall Spaß machen sollte, sind Anerkennung und Erfolgserlebnisse infolge der Anstrengungen Ihres Kindes früher oder später zu erwarten. Bleiben sie aus, sollten Sie mit Ihrem Kind besprechen, ob es ein anderes Hobby wählen möchte.

Samuel (1zehn Jahre) besucht seit einem Jahr ein Fußballtraining. Der kräftige Junge kann schnell rennen und hat viel Kondition. Ihm fehlt jedoch eine räumlich-visuelle Begabung, die es ihm ermöglicht, das Spielgeschehen und seine Mitspieler jederzeit im Blick zu haben. So passiert es ihm häufig, dass er den Ball nicht erreicht oder aus Versehen einem Gegner zuspielt. Im Laufe des Jahres wechselt Samuel oft die Spielposition. Mal ist er im Sturm, mal in der Verteidigung. Doch immer wieder passieren ihm solche Orientierungsfehler, die das Spiel zugunsten des Gegners beeinflussen. Da Samuel kaum Erfolgserlebnisse verzeichnen kann, verliert er nach und nach die Lust. Am Ende des ersten Spieljahres verlässt er die Fußballmannschaft und wechselt in eine Leichtathletikgruppe. Hier bringt er als Sprinter herausragende Leistungen. Erst jetzt macht Samuel der Sport richtig Spaß.

Begabung und Schule

Natürlich kann ein Schulkind seine Talente auch in den verschiedenen Unterrichtsfächern bewusst gewinnbringend einsetzen. Häufig ist es so, dass ein beispielsweise künstlerisch-kreativ begabtes Kind in den Fächern Musik und Kunst ohnehin gut abschneidet. Seine Ideen und seine Fantasie kann es jedoch auch in den Fächern einsetzen, die ihm nicht so leichtfallen.

Warum nicht auch in Sachkunde oder Mathematik mit dem eigenen Einfallsreichtum Punkte machen? Ein Wandertag ist geplant? Ihr Kind hat bestimmt eine tolle Idee, was die Klasse an diesem Tag in Zusammenhang mit dem aktuellen Schulstoff machen kann. Mit mittelalterlicher Ausrüstung einen römischen Pfad erkunden?

Kastanien sammeln und die Früchte danach beim Tierpark oder Zoo vorbeibringen? Überlegen Sie zu Hause gemeinsam, welche Idee der ganzen Klasse gefallen könnte und wie Ihr Kind diese am besten dem Lehrer vorträgt.

Ihr Kind bewegt sich nicht gerne und mag den Sportunterricht nicht, es kann sich aber sehr gut ausdrücken? Vielleicht sollte es in der nächsten Sportstunde mal vorschlagen, bei einem Turnier oder einem anderen Wettkampf als Sportreporter aufzutreten. Der Vorschlag und das Engagement werden vom Sportlehrer sicherlich positiv bewertet und Ihr Kind hat mehr Spaß am Unterricht, weil es sich aktiv einbringen kann.

Jede Begabung kann in der Schule eingebracht werden. Um die Möglichkeiten zu erkennen, die ihre Talente ihnen bieten, brauchen Kinder die Hilfe ihrer Eltern und Lehrer. Besonders geeignet für das Einbringen der eigenen Fähigkeiten ist der **Projektunterricht,** bei dem ein Thema von den verschiedensten Seiten beleuchtet wird. Hier können sprachbegabte Kinder ein Referat halten, praktisch begabte Schülerinnen und Schüler etwas dazu herstellen, sozial-emotional talentierte Kinder über Diskussionen und Gruppenarbeit Erfolge erzielen und bewegungsfreudige Schüler Exkursionen durchführen. Auf diese Weise wird die große Mehrheit der Schülerinnen und Schüler motiviert und engagiert mitarbeiten. Leider gibt es immer noch sehr wenige Schulen, die den Projektunterricht in den Mittelpunkt stellen, obwohl inzwischen zahlreiche Studien bewiesen haben, dass diese Art des Arbeitens ein Kind ganzheitlich fordert und zum selbstständigen und eigenverantwortlichen Denken hinführt.

Ein Blick in die Zukunft: Begabung und Berufswahl

Gerade für die Berufswahl ist ein Begabungsprofil wertvoll. Mit seiner Hilfe wird es einfacher sich für eine Ausbildung zu entscheiden, für die man die richtigen Voraussetzungen mitbringt.

Im Folgenden sind den einzelnen Begabungsbereichen bestimmte Berufe zugeordnet. Die Liste erhebt nicht den Anspruch vollständig zu sein und will nur als erste Orientierungshilfe dienen.

Berufsfelder für sprachlich Begabte

Schriftsteller brauchen ein gutes Sprachgefühl und einen großen Wortschatz, um erlebte oder ausgedachte Zusammenhänge so zu formulieren, dass ein Leser sie verstehen und nachvollziehen kann.

Verkäufer müssen sich verständlich und differenziert ausdrücken können, damit sie dem Kunden ein Produkt und dessen Funktionsweise genau erklären können.

Journalisten müssen über ein gutes Allgemeinwissen verfügen und dieses auch formulieren können. Dabei sollten sie auch in mehreren Fachsprachen zu Hause sein, den oft berichten oder schreiben sie über die unterschiedlichsten Themen.

Lehrer und Dozenten müssen sich in ihrer Sprache auf die unterschiedlichen Schülercharaktere einstellen können. Es sollte ihnen gelingen, auch komplexe Zusammenhänge gut verständlich zu erklären.

Außendienstmitarbeiter sind viel unterwegs, um den unterschiedlichsten Kunden Produkte vorzustellen. Dabei müssen sie sehr flexibel und wortgewandt sein, um ihr Produkt positiv anzubieten.

Sprecher für Radio- oder Fernsehsendungen sollten in der Lage sein, sowohl ihre Stimme als auch ihre Wortwahl den jeweiligen Figuren anzupassen, denen sie ihre Stimme leihen.

Übersetzer müssen die Fähigkeit besitzen, mehreren Fremdsprachen schnell zu lernen und gut zu beherrschen. In allen Sprachen ist ein großer Wortschatz wichtig, um die zu übersetzenden Inhalte möglichst genau wiedergeben zu können. Bei Simultanübersetzungen sind darüber hinaus Tempo und eine hohe Flexibilität wichtig.

Texter müssen sich in die jeweilige Thematik ihres Auftraggebers intensiv hineindenken, um diese dann mit den richtigen Worten beschreiben zu können. Dazu müssen sie sprachlich in vielen Bereichen zu Hause sein und über einen großen Wortschatz verfügen.

Berufsfelder für mathematisch-logisch Begabte

In *technischen Berufen* sind logische Fähigkeiten unverzichtbar: Techniker – ganz gleich, in welchen Bereichen sie tätig sind – müssen wissen, welche Konsequenzen jeder ihrer Arbeitsschritte hat.

In *kaufmännischen Berufen* ist der Umgang mit Zahlen tägliches Geschäft. Ob als Buchhalter oder im Rechnungswesen, mathematische Fähigkeiten werden hier unbedingt vorausgesetzt.

Auch *Ingenieure* müssen rechnen und sollten sich auf naturwissenschaftliche Erkenntnisse verlassen können. So benötigt man beispielsweise als Flugingenieur für die Konstruktion eines Flugzeuges sowohl mathematische Fähigkeiten als auch logisches Denken.

Für *Informatiker* ist eine mathematisch-logische Begabung eine große Arbeitserleichterung. Gerade beim Programmieren von Software oder auch beim Einrichten von Netzwerken ist die logische Verkettung von vielen einzelnen Arbeitsschritten unverzichtbar.

Berufsfelder für räumlich-visuelle Begabte

Schreiner und Tischler müssen ein geplantes Objekt schon vor seiner praktischen Erstellung bildhaft vor Augen haben. Dies geht nur, wenn sie in der Lage sind, sich Objekte dreidimensional vorzustellen. Auch über Materialart, die Oberflächenbeschaffenheit und Farbgestaltung müssen sie genaue Vorstellungen haben.

Designer und Werbegrafiker sind ebenfalls mit der Erstellung von Objekten beauftragt. Dabei kann es zum Beispiel um Verpackungen, Plakate, Internetseiten oder auch Bekleidung gehen. In jedem Falle steht vor der praktischen Objekterstellung dessen virtuelle Planung. Dabei sind neben einem räumlich-visuellen Talent auch künstlerische und kreative Fähigkeiten wichtig.

Architekten planen und errichten Gebäude. Dabei konzentrieren sie sich auf die technischen, wirtschaftlichen, funktionalen und gestalterischen Aspekte der Bauwerke. Dieses handwerklich-künstlerische Gestalten benötigt neben dem räumlich-visuellen Talent auch künstlerische und kreative Fähigkeiten.

Berufsfelder für motorisch Begabte

Für ***Sportler*** ist eine motorische Begabung unverzichtbar. Allerdings gibt es zwischen den Sportarten große Unterschiede. Manche Kinder und Jugendliche sind hervorragend für eine Gruppensportart (Volleyball, Fußball, Basketball) geeignet, andere hingegen können mit einem Team wenig anfangen und sollten sich auf eine Einzelsportart (Tennis, Kampfsport, Weitsprung) konzentrieren.

Auch für ***Musiker*** ist eine motorische Begabung in vielen Fällen sehr hilfreich. Ob als Gitarrist, Klavierspieler oder Schlagzeuger – immer ist eine hohe Fingerfertigkeit gefordert, wenn es gilt, schnell und präzise bestimmte Tonfolgen zu spielen.

Tänzer müssen ein gutes Körper- und Rhythmusgefühl haben, sowohl für sich selbst als auch für ihre Tanzpartner.

Akrobaten – zugegebenermaßen ein eher seltener Beruf – können es ohne eine motorische Begabung nicht besonders weit bringen. Auf verschiedenen Showbühnen oder auch im Zirkus müssen sie ihre Bewegungsabläufe sehr präzise koordinieren, um keine Fehler zu machen.

Berufsfelder für sozial-emotional Begabte

Gerade im ***Gesundheitswesen oder als Pflegepersonal*** sind sozial-emotional interessierte und begabte Menschen eine große Bereicherung. Über das bloße Erledigen pflegerischer oder ärztlicher Tätigkeiten hinaus, können sie sich in die Gefühle ihrer Patienten hineinversetzen und deren Wünsche und Bedürfnisse verstehen.

Auch ***Psychologen und Psychiater*** müssen ein gewisses Maß an Empathie und sozialem Interesse mitbringen, um die Probleme, Schwierigkeiten und Ängste ihrer Klienten verstehen zu können. Je besser ein Patient sich verstanden fühlt, desto leichter lässt er sich auf eine Therapie ein. Das hilft bei der Behandlung der jeweiligen Problematik.

Mediatoren und Streitschlichter brauchen ein hohes Maß an sozial-emotionaler Begabung, um die Interessen und Wünsche der verschiedenen Parteien, die sie vertreten, verstehen zu können.

Sie müssen Emotionen erkennen und damit umgehen können. Dabei ist auch der sensible Umgang mit Sprache wichtig, um allen beteiligten Parteien gerecht werden zu können.
Bei der ***Personalführung*** ist eine hohe Sensibilität gegenüber den Bedürfnissen aller Beteiligten gefragt. Ein emotionales und soziales Gespür hilft enorm, Mitarbeiter gemäß ihren Fähigkeiten einzusetzen und Konflikte schon im Entstehen zu erkennen und anzusprechen.

Berufsfelder für praktisch-naturalistisch Begabte
Tierpfleger, Hundetrainer, Züchter etc. sollten Interesse an der Natur und ihren Lebewesen haben. Zum Umgang mit Tieren gehört eine regelmäßige Pflege und Versorgung, die auch an den Wochenenden oder in den Ferien nicht eingestellt werden kann.
Handwerker brauchen in jedem Berufszweig praktisches Geschick, um die ihnen zugewiesenen Aufgaben auszuführen. Für welchen Berufszweig sich ein praktisch begabter Jugendlicher entscheidet, ist von seinem Interesse an bestimmten Materialien oder der Arbeitsumgebung abhängig.

Selbstständig tätige Menschen, die z. B. Handwerkerdienste, Reinigungsarbeiten oder Kleinreparaturen durchführen, müssen ein großes praktisches Geschick haben und überall anpacken können. Sowohl im jeweiligen Arbeitsfeld als auch in der Führung der Firma sind sie oft auf sich selbst gestellt und müssen mit den auftretenden Problemen aus eigener Kraft fertig werden.
Förster und Gärtner sollten sich gerne in der Natur aufhalten und deren Gesetze kennen und verstehen. Die regelmäßige Verrichtung auch körperlich anstrengender Arbeiten gehört zu diesen Berufen meist dazu. Schlechtes Wetter ist kein Grund, zu Hause zu bleiben.

Begabungsfelder für kreativ- künstlerisch Begabte
Floristen ergreifen diesen Beruf meistens, weil sie sich für das Dekorieren und Zusammenstellen verschiedener Blumen und Pflanzen interessieren. Dieser künstlerisch-kreative Aspekte des Floristenberufs ist wichtig, aber nur eine Seite der Medaille. Frühes

Aufstehen für den Besuch des Blumenmarkts und das Arbeiten in einer feuchten, kühlen Umgebung gehören ebenso dazu.
Modeschöpfer benötigen ein hohes künstlerisches Talent, um neue und ausgefallene Kreationen zu erfinden. Doch eine gründliche Ausbildung in Modedesign und viel praktische Erfahrung verlangen jungen Künstlern Einiges ab. Schnelle Erfolge sind hier meistens nicht zu erreichen, so dass ein langer Atem und Ausdauer notwendig sind.
Maler und Musiker brauchen neben dem handwerklichen Geschick, also einer motorischen Begabung, viel kreatives und künstlerisches Potenzial, um ihre eigene, unverwechselbare „Handschrift" zu entwickeln.

Berufsbilder für Multibegabte

In vielen anspruchsvollen Berufen ist die Kombination verschiedener Begabungen gefragt. Es ist immer hilfreich, unterschiedliche Fähigkeiten zu besitzen und diese zu erweitern, für manche Berufsfelder ist es jedoch unerlässlich. ***Juristen*** sollten sich beispielsweise in dem logisch aufgebauten Gesetzes- und Paragraphendschungel gut auskennen. Darüber hinaus brauchen sie aber auch ein sprachliches Talent für die Prozessführung, ein sozial-emotionales Gespür für ihre Klienten und ein gewisses Maß an Kreativität, um durch außergewöhnliche Ideen Entscheidungen zugunsten ihres Klienten herbeizuführen.
Betriebswirtschaftler müssen rechnen und logische Abläufe innerhalb einer Firma verstehen können, sie sollten kreative Problemlösungsstrategien anwenden und eine gewisse soziale Begabung haben, um dem komplexen Miteinander in Betrieben und Firmen gerecht zu werden.
Bauleiter brauchen neben dem mathematisch-logischen Wissen über die Zusammenhänge der jeweiligen Bauvorhaben auch ein ausgeprägtes praktisches Talent, um die unterschiedlichen Handwerksfirmen beurteilen und soziale Fähigkeiten, um sie führen zu können.
Ähnliches gilt für eine ***Unternehmensführung***, bei der menschliche und betriebswirtschaftliche Aspekte gleichermaßen berück-

sichtigt werden müssen. In schwierigen Situationen sollte kreatives Potenzial vorhanden sein, um diese zur Zufriedenheit aller auch mit außergewöhnlichen Mitteln lösen zu können.

Zusammenfassung

Finden Sie die Begabungs- und Interessensschwerpunkte Ihres Kindes heraus, indem Sie seine Aktivitäten und Interessen aufgreifen. Ein Begabungsprofil ist für die Freizeitgestaltung, die schulische Entwicklung und auch für die Berufslaufbahn von zentraler Bedeutung. Es kann verhindern, dass Schüler und Schülerinnen einen Weg einschlagen, der ihrer Begabung nicht entspricht. Und das Profil kann Bereiche aufdecken, in denen ein Kind oder Jugendlicher trotz eines großen Talents bisher nur wenig Erfahrungen sammeln konnte.

Lernen und Begabung

Wo die Begabungen Ihres Kindes liegen, haben Sie inzwischen feststellen können. Doch ohne eine konstruktive Arbeitshaltung, eine angemessene Arbeitsumgebung und den Willen zum Lernen entwickeln sich vorhandene Potenziale kaum weiter. Ein Kind muss im Laufe seiner Entwicklung nicht nur seine Begabungen erkennen und ausbauen, sondern auch das **Lernen lernen,** um seine Möglichkeiten ausschöpfen zu können. Dabei können Sie Ihr Kind unterstützen.

Begabungen brauchen Anschub

Um eine produktive Lernhaltung aufzubauen, braucht es noch einige andere Komponenten außer der Begabung. Die Motivation, sich überhaupt mit einer Thematik weiter zu beschäftigen, Übungsmöglichkeiten im Alltag, förderliche Umweltbedingungen, ein anregungsreiches Umfeld, Neugierde, Konzentration, eigene

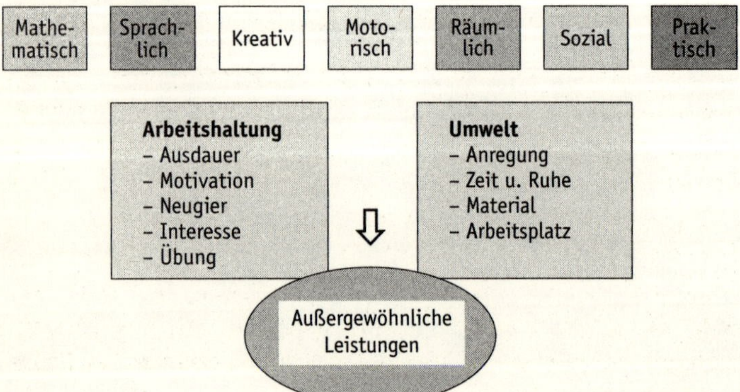

Interessen und Ausdauer sind die **Kernkompetenzen**, die ein Kind benötigt, um seine Begabung weiter ausbauen zu können. Wenn die Familie, die Schule und das Lebensumfeld ein Kind fördern und seinen inneren, eigenen Willen zum Lernen unterstützen, können sich vorhandene Potenziale entfalten, vergleichbar mit dem Samen eines Baumes, der nur dann wachsen kann, wenn er Erde, Wasser und Sonnenlicht erhält.

Start frei für Talente: So verbessern Sie die Umweltbedingungen

Mit Hilfe des Begabungstests haben Sie festgestellt, in welchen Bereichen Ihr Kind besondere Fähigkeiten hat. Diese Fähigkeiten werden zur Bewältigung des Alltags und der Schule oft ganz von selbst, aber meist noch nicht optimal eingesetzt. Wer über großes handwerkliches Geschick verfügt, der wird im Kunstunterricht beim Gestalten mit Ton oder Gips mit großer Wahrscheinlichkeit gute Ergebnisse erzielen. Und ein sprachlich begabtes Kind braucht sich über die Qualität seiner Aufsätze in der Regel auch keine Gedanken machen. Doch um sein Begabungspotenzial wirklich ausschöpfen zu können, sollte Ihrem Kind auch eine fördernde Umwelt zur Verfügung stehen.

Wecken Sie die Neugierde Ihres Kindes

In erster Linie braucht ein Kind **praktische Anregungen**, die es neugierig machen. Die tägliche Berieselung durch den Fernseher ist dazu nicht geeignet. Ein Kind muss seine Fähigkeiten und seine Grenzen selbst ausprobieren können, um ein Gefühl dafür zu bekommen, was möglich ist und was nicht. Ein Baum, auf den es alleine klettert, bietet ganz andere und intensivere Eindrücke als ein Baum in einem Film. Er fühlt sich rau und rissig an, riecht nach Holz, sondert Harz ab und beherbergt kleine Tiere. Das Klettern trainiert das Gleichgewichtsgefühl und die Muskeln, es löst Spannung aus und ein Glücksgefühl, wenn die angepeilte Höhe erreicht ist. Nur der reale Baum kann dem Kind diese **Lernerfahrungen** bieten. Auch das Erfolgserlebnis, wenn die Anstrengung belohnt wird, geschieht nur in der Realität und nicht am Bildschirm.

Versuchen Sie daher Ihrem Kind während seiner Entwicklung möglichst viele Anregungen zu bieten. Machen Sie Ausflüge, besuchen Sie Museen, gehen Sie in den Zoo, hören Sie Musik und schauen Sie Bücher und Bilder an. Je mehr Ihr Kind von der Welt kennen lernt, desto leichter kann es seine Begabungen und Talente für ein bestimmtes Gebiet entdecken. Die Kombination von neuen Erfahrungen mit den eigenen Fähigkeiten macht großen Spaß und weckt die Lust am Lernen.

Erfahrungen müssen verarbeitet werden

Um die gemachten Erfahrungen auch verarbeiten zu können, braucht Ihr Kind Zeit und Ruhe. Ein voll verplanter Tag, an dem eine Aktivität die nächste jagt, lässt dem menschlichen Gehirn keine Zeit, um die aufgenommenen Informationen mit dem bereits vorhandenen Wissen zu vernetzen. Wenn zu viel Informationen in zu kurzer Zeit auf Ihr Kind einströmen, dann überlagert das neue Wissen das alte. Dieses ist dann nur noch schlecht abrufbar. Sorgen Sie für Pausen und **Ruhephasen**, in denen Ihr Kind seine Erfahrungen verarbeiten kann. Sprechen Sie über seine Erlebnisse und lassen Sie sich besondere Tagesereignisse beim Abendessen noch einmal erzählen.

Gutes Material – keine Nebensache

Ein Musiker benötigt zur Entwicklung seiner Fähigkeiten ein richtig gestimmtes Instrument und wer sich künstlerisch verwirklichen möchte, braucht ebenfalls **gutes Arbeitsmaterial**, wie besondere Stifte, ein spezielles Papier oder gute Farben. Dasselbe gilt auch für alle anderen Begabungsbereiche. Gut geschriebene Bücher ohne Rechtschreibfehler, logisch aufbauendes Arbeitsmaterial für den mathematisch Interessierten, feste Laufschuhe oder technisch einwandfreie Sportgeräte für das motorisch begabte Kind tragen ganz wesentlich dazu bei, dass es gute Leistungen erbringen und Erfolgserlebnisse haben kann. Wenn das praktisch begabte Kind bei seinen handwerklichen Versuchen immer wieder daran scheitert, dass beim Hammer der Stiel abbricht oder der Schraubenzieher nicht greift, verliert es schnell die Lust. Gutes Werkzeug ist in allen Begabungsbereichen eine wichtige Grundlage für Erfolg.

Ein Platz zum Arbeiten

Für die intensive Beschäftigung mit einem Thema ist es wichtig, einen gleichbleibenden und störungsfreien **Arbeitsort** zu haben. Wenn Ihr Kind einen Platz hat, den es über einen längeren Zeitraum immer wieder mit dem Lernen und dem Arbeiten verbindet, dann stellt sich dort eine positive Arbeitshaltung mit der Zeit von selbst ein. Ein Mensch gewöhnt sich schnell daran, mit bestimmten Reizen gewisse Inhalte zu verbinden. Der eigene Schreibtisch mit den Büchern und Stiften signalisiert „Lernen", in der Küche wird man regelmäßig an das Essen erinnert und den Geruch von Zimt und Mandeln verbindet fast jeder mit Weihnachten.

So gewinnt Ihr Kind eine gute Arbeitshaltung

Neben guten Ausgangsbedingungen in seiner Umwelt ist es wichtig, dass Ihr Kind auch die Bereitschaft und den Willen zum Lernen entwickelt. Das können sie als Eltern, aber auch Lehrer und Trainer, mit etwas Geschick und Einfühlungsvermögen positiv beeinflussen. Das A und O der Arbeitshaltung ist die Motivation, die anfangs eher von außen und später mehr von innen gesteuert wird.

Motivieren Sie Ihr Kind

Unterstützen Sie Ihr Kind bei allen seinen Ideen und Einfällen und zeigen Sie sich möglichst interessiert. Je mehr Lob und Anerkennung ein Kind für seine Ideen erhält, desto zufriedener und glücklicher wird es sich fühlen. Dieses **Glücksgefühl** ist für ein Kind so wohltuend, dass es sich bemühen wird, es erneut herbeizuführen. Anfangs zielt ein Kind stark darauf ab, äußere Bestätigung von ihm wichtigen Menschen zu erhalten. Wenn es älter wird, ist es dann auch in der Lage, diese Bestätigung von innen heraus zu empfinden. Es bemerkt nun selbst, wenn es Probleme kreativ gelöst hat und freut sich darüber. Eine bewältigte Rechenaufgabe, ein gelöstes Puzzle, das Fertigstellen eines Bildes, das Vortragen eines Referates oder ein persönlicher sportlicher Rekord schaffen eine innere Zufriedenheit, die wiederum als Motivation für neue Leistungen dient.

Angefangene Aufgaben auch beenden

Besondere Leistungen können aber nur erbracht werden, wenn Ihr Kind auch lernt, ausdauernd und kontinuierlich zu arbeiten. Es gibt wenig Demotivierenderes als das Gefühl, nie etwas richtig beenden zu können. Unterstützen Sie Ihr Kind also in jedem Fall darin, **Angefangenes zu Ende zu führen.** Das ist gar nicht so einfach und benötigt eine große Portion Geduld von Ihnen und Ihrem Kind. Sparen Sie nicht mit Lob, wenn die ungeliebten Hausaufgaben mit großer Überwindung doch noch fertiggemacht werden, wenn Ihr Kind ein Buch bis zum Ende liest oder auch bei Brettspielen nicht frühzeitig aufgibt. Das ausdauernde Arbeiten lässt sich in nahezu jedem Lebensbereich trainieren. Einen Spaziergang nicht frühzeitig abbrechen, gemeinsam das Mittagessen beenden und nicht vorher aufspringen, Gespräche zu Ende führen und Geschichten bis zum Schluss erzählen. Was in der Freizeit funktioniert, wird dann auch beim Arbeitsverhalten früher oder später klappen.

Übung macht den Meister

Um Fähigkeiten und Begabungen zu erweitern, ist das kontinuierliche Üben unerlässlich. Wenn Ihr Kind beispielsweise mühelos die Grundlagen des Schachspielens erlernt, ist seine mathematisch-logische Begabung nicht von der Hand zu weisen. Spielt es dann jedoch nicht weiter Schach, verpasst es die Möglichkeit verschiedene Spielzüge und Kombinationen mit anderen Spielern auszuprobieren. Obwohl es die Regeln kennt, wird es in die tieferen Geheimnisse des Schachspielens nicht eindringen können und sogar die Grundregeln mit der Zeit verlernen. Ebenso verhält es sich mit dem Lesen. Viele Schulkinder beherrschen alle Buchstaben und können Silben und Wörter einigermaßen gut entziffern. Wer jedoch nur die einfachsten Grundlagen des Lesens erlernt und anschließend nicht durch Übung verfestigt und verfeinert, bei dem besteht größte Gefahr, dass er nach der Schule diese Fertigkeiten wieder verliert.

Zusammenfassung

Begabung und Talent alleine garantieren noch keine Erfolgserlebnisse. Es braucht darüber hinaus auch eine anregende Umwelt und die richtige Motivation, damit Kinder und Jugendliche ihre Fähigkeiten optimal ausschöpfen können.

Welcher Lerntyp ist Ihr Kind?

Da das Lernen unverzichtbar mit der Weiterentwicklung einer Begabung verknüpft ist, lohnt es sich, einmal genauer in den Blick zu nehmen, auf welche Art und Weise Ihr Kind am besten Informationen aufnimmt. Lerninhalte erreichen das menschliche Gehirn über die sieben verschiedenen Wahrnehmungskanäle oder Sinne.

- visuell (sehen)
- auditiv (hören)
- taktil (fühlen)
- kinästhetisch (Bewegung und Muskeln)
- vestibulär (Gleichgewicht)
- olfaktorisch (Geruch)
- gustatorisch (Geschmack)

Je nachdem, wie stark einer der Wahrnehmungskanäle ausgeprägt ist, werden die Reize hier besonders intensiv aufgenommen. Das korrespondiert in einigen Bereichen eng mit einer Begabung. Beispielsweise verfügt der räumlich-visuell begabte Mensch in der Regel über eine erhöhte visuelle Aufnahmefähigkeit. Bei räumlich-visuell begabten Kindern wäre es sinnvoll, Informationen und Lerninhalte über die Augen zu präsentieren, da sie hier besonders sensibel und aufnahmefähig ist. Sprachlich begabte Kinder und Jugendliche sind häufig auditiven Reizen gegenüber sehr aufgeschlossen, motorische Begabung ist gekoppelt mit einer körperlichen Sensibilität und wer praktisch-naturalistische Fähigkeiten besitzt, verfügt in der Regel über eine sehr gute Feinmotorik.

Wie einzelne Begabungsbereiche mit den sieben Sinnen zusammenhängen zeigt die folgende Grafik. Der Geruchs- und Geschmackssinn, obwohl durchaus wichtig für besondere Berufe wie etwa Koch, Parfumentwickler oder Lebensmittelkontrolleur, tritt im vorliegenden Begabungstest als Sonderbegabung in den Hintergrund.

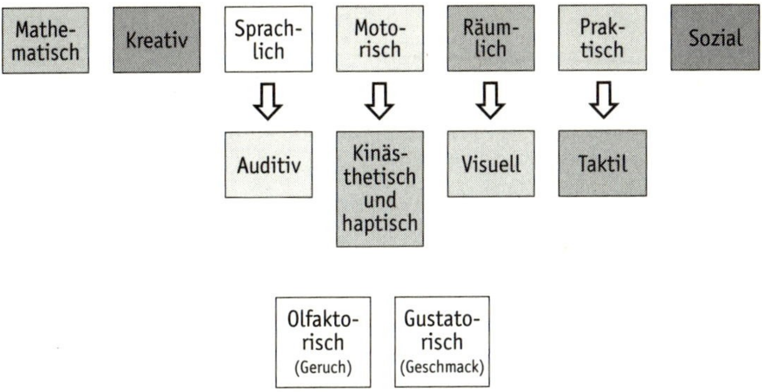

Im Folgenden können Sie anhand verschiedener Checklisten grob überprüfen, welchem Lerntyp Ihr Kind entspricht.

So können Sie sehen, ob das Begabungsprofil Ihres Kindes auch mit seiner Art der Verarbeitung des Lernstoffs korrespondiert. Dabei beschränkt sich der Test auf die vier häufigsten Lerntypen: den auditiven, den visuellen, den motorischen und den kommunikativen.

Doch bevor Sie Ihren Bleistift zücken, sollten Sie versuchen, anhand eines realen Erlebnisses die Reaktionen und Änderungen Ihres Kindes einer Wahrnehmungsart zuzuordnen.

Woran erinnert sich Ihr Kind?

Machen Sie mit Ihrem Kind an einem schönen Tag einen Ausflug in einen Zoo. Beobachten Sie gemeinsam die Tiere, gehen Sie ein bisschen spazieren, unterhalten Sie sich und trinken Sie zum Ausklang des Tages noch etwas am Zookiosk oder in einem Café. Bringen Sie beim Abendessen das Gespräch auf den Ausflug. Worüber spricht Ihr Kind, was hat es behalten?

Ein Kind, das dem ***kommunikativen Typus*** angehört, wird Ihnen berichten können, worüber Sie sich während des Ausflugs unterhalten haben – wahrscheinlich hat es Ihnen sowieso die ganze Zeit irgendetwas erzählt. Über das Gespräch mit anderen Menschen behält es die gemachten Eindrücke. Haben Sie über den Geschmack des Apfelsafts gesprochen, wird es sich daran erinnern können, war hingegen eher das neue Auto des Nachbarn Inhalt des Gesprächs, sollte dies bei ihm hängen geblieben sein.

Ein Kind vom ***visuellen Typus*** erinnert sich an das Aussehen der Tiere, an die Farbe der Blätter an den Bäumen, daran, welche Jacke es angehabt hat und ob die Tiere anders als beim letzten Besuch ausgesehen haben.

Ein Kind, das dem ***auditiven Typus*** zuzurechnen ist, nimmt Informationen am besten über das Gehör auf. Haben die Tiere besondere Geräusche gemacht? Hat es den Erklärungen eines Tierpflegers gelauscht oder es genossen, wenn Sie ihm etwas über die verschiedenen Tiere erzählt haben? Ein Kind vom auditiven Typus wird Ihnen erzählen können, welche unterschiedlichen Tierstimmen es gibt und ob eine lärmende Kindergruppe es in seiner Konzentration gestört hat.

Der ***motorische*** oder ***handlungsorientierte Lerntyp*** braucht Bewegung und Aktion, um Inhalte optimal zu verarbeiten. Ihr Kind wird Ihnen von dem tollen Klettergerüst erzählen, von der Fütterung im Streichelzoo und den runden Steinen, die es in den Teich geworfen hat. Es hat vielleicht Kastanien und Eicheln gesammelt und wollte die Tiere am liebsten anfassen. Was es mit seinem Körper direkt erlebt, prägt sich ihm am besten ein.

Haben Sie schon erste Hinweise darauf erhalten, welchem Lerntyp Ihr Kind zuzuordnen ist? Vermutlich schon. Um diese Erkenntnisse noch etwas zu intensivieren, können Sie den folgenden Lerntyptest durchführen.

Ist Ihr Kind bereits neun oder zehn Jahre alt, kann es den Test parallel ebenfalls ausfüllen. Auch hier gilt, dass jüngere Kinder sich selbst schlecht einschätzen können und vermutlich die meisten Fragen eher mit Ja beantworten werden.

Durchführungsanleitung

Nehmen Sie sich circa 15 Minuten Zeit, um den Lerntyptest auszufüllen. Falls Sie bei einigen Fragen keine eindeutige Antwort geben können, lassen Sie die Felder einfach frei. Vergleichen Sie die Ergebnisse mit der Einschätzung Ihres Kindes und sehen Sie nach, ob sich das Profil gleicht. Beim Lerntyptest gilt diesbezüglich Ähnliches wie beim Begabungstest. Oft macht es Sinn, die aufgestellten Behauptungen mit einer Person zu diskutieren, die Ihr Kind in einem anderen Zusammenhang kennt. Fragen Sie ruhig mal bei Oma oder Opa nach, wie sich Ihr Kind dort verhält. Eine andere Umgebung und andere Anregungen können durchaus noch neue Informationen über das Lernverhalten Ihres Kindes geben. Grübeln Sie allerdings nicht zu lang über die einzelnen Fragen nach, sondern kreuzen Sie spontan an, was Ihnen richtig erscheint.

Lerntyptest

Der vorliegende Test dient der Überprüfung, über welchen Wahrnehmungskanal Ihr Kind Informationen am besten aufnimmt. Auch wenn ein Wahrnehmungskanal besonders stark ausgeprägt ist, sind beim Lernen doch immer alle Zugänge wichtig. Je mehr Kreuze Ihr Kind daher in jedem einzelnen Lernbereich erhält, desto besser nimmt es Informationen insgesamt auf.

Ist Ihr Kind ein auditiver Typ?

Der auditive Typ lernt gut über das Hören.	
Ihr Kind bevorzugt es, Geschichten zu hören. Es mag vorgelesene Geschichten, Kassetten, Hörbücher oder Radiosendungen und hört ausdauernd und interessiert zu.	Ja ☐

Der auditive Typ lernt gut über das Hören.	
Ihr Kind kann sich gut an Lieder und Melodien erinnern.	Ja ☒
Ihr Kind kann vorgelesene (gehörte) Geschichten gut nacherzählen.	Ja ☒
Im Gespräch hört es gut zu und vergisst wenig.	Ja ☒
Ihr Kind bewegt die Lippen mit, wenn es liest.	Ja ☐
Ihr Kind kann (sinnlose) Zahlenreihen gut nachsprechen.	Ja ☐
Es merkt sich schnell Liedertexte, kann sie rasch auswendig mitsingen.	Ja ☒
Ihr Kind unterhält sich gerne und fragt viel nach.	Ja ☒
Ihr Kind kann sich besser Namen als Gesichter merken.	Ja ☒
Ihr Kind kann sich bei Musik gut konzentrieren.	Ja ☒

Zählen Sie nun die Anzahl der Fragen zusammen, die Sie mit Ja beantwortet haben.

Auditiver Lerntyp: Summe Ja: ______________

Ist Ihr Kind ein visueller Typ?

Der visuelle Typ lernt gut über das Sehen.	
Ihr Kind kann Bilder oder Tabellen gut behalten.	Ja ☐
Ihr Kind spielt gerne und gut Memory oder Puzzle.	Ja ☐
Ihr Kind liest gerne und schnell.	Ja ☐
Ihr Kind merkt sich viele Details in Kleidung und Aussehen.	Ja ☐
Ihr Kind orientiert sich bei Spaziergängen an visuellen Merkmalen.	Ja ☐
Ihr Kind träumt farbig, mit vielen Details.	Ja ☐
Ihr Kind malt gerne und seine Bilder sind detailliert.	Ja ☐
Ihr Kind erinnert sich besser an selbst Gesehenes als an Erzählungen.	Ja ☐
Ihr Kind kann sich besser Gesichter als Namen merken.	Ja ☐
Ihr Kind zieht es vor, alleine zu lernen, indem es liest.	Ja ☐

Zählen Sie nun die Anzahl der Fragen zusammen, die Sie mit Ja beantwortet haben.

Visueller Lerntyp: Summe Ja: ______________

Ist Ihr Kind ein kommunikativer Typ?

Der kommunikative Typ lernt gut, wenn er sich mit anderen austauschen kann.	
Ihr Kind redet generell gerne und viel mit anderen Menschen.	Ja ☐
Ihr Kind behält Lernstoff gut, wenn es darüber mit anderen reden kann.	Ja ☐
Ihr Kind lernt gerne zusammen mit Freunden oder mit den Eltern.	Ja ☐
Ihr Kind hinterfragt das Gelernte, stellt gerne Fragen dazu.	Ja ☐
Ihr Kind ist gut in mündlicher Mitarbeit und arbeitet gerne mit seinem Tischnachbarn.	Ja ☐
Ihr Kind ist begeisterter Gruppenspieler (Rollenspiel, Theatergruppe, etc.).	Ja ☐
Ihr Kind langweilt sich alleine schnell, es hat viele Freunde.	Ja ☐
Ihr Kind ruft lieber schnell die Oma an, als ihr zu schreiben.	Ja ☐
Ihr Kind lernt schnell andere Kinder kennen.	Ja ☐
Ihr Kind ist oft bei anderen Kindern eingeladen.	Ja ☐

Zählen Sie nun die Anzahl der Fragen zusammen, die Sie mit Ja beantwortet haben.

Kommunikativer Lerntyp: Summe Ja: ________________

Ist Ihr Kind ein motorischer oder handlungsorientierter Typ?

Der motorische oder handlungsorientierte Typ lernt gut, wenn er etwas tun oder sich bewegen kann.	
Ihr Kind experimentiert gerne.	Ja ☐
Ihr Kind benutzt beim Rechnen die Finger.	Ja ☐
Es bewegt sich gerne beim Lernen, steht auf oder geht im Zimmer herum.	Ja ☐
Ihr Kind kaut gerne Kaugummi oder isst etwas beim Lernen.	Ja ☐
Es baut gerne Modelle (Lego, Steckspiele) und kann gut mit Plänen (Stadtplan, Landkarte) umgehen.	Ja ☐
Ihr Kind fasst Dinge gerne an und untersucht sie genauer.	Ja ☐
Ihr Kind gestikuliert beim Reden ausgiebig.	Ja ☐
Es kann beim Lesen nur schlecht still sitzen und verändert ständig seine Position.	Ja ☐
Ihr Kind bastelt gerne und kann mit Werkzeug umgehen.	Ja ☐
Ihr Kind macht beim Lernen immer wieder Pausen, in denen es sich bewegt.	Ja ☐

Zählen Sie nun die Anzahl der Fragen zusammen, die Sie mit Ja beantwortet haben.

Handlungsorientierter Lerntyp: Summe Ja: ______________

Auswertung

Zählen Sie die Anzahl Ihrer Ja-Stimmen und tragen Sie diese hier ein:

Auditiver Typ = ☐
Visueller Typ = ☐
Kommunikativer Typ = ☐
Handlungsorientierter Typ = ☐

Erst wenn Sie einen deutlichen Unterschied beim Anteil der Ja-Stimmen erkennen, können Sie eine Aussage über den Lerntyp Ihres Kindes treffen. Viele Kinder, gerade jüngere, zeigen vielleicht noch keinen deutlichen Schwerpunkt. Das ist ganz normal, denn auch die **Wahrnehmungskanäle entwickeln sich** nach und nach. Im Laufe der Grundschulzeit wird jedoch immer deutlicher, wie Ihr Kind am besten lernt und mit welchen Mitteln und Methoden es somit auch seine Begabungen besser entfalten kann. Mit dem Eintritt in die weiterführende Schule ist dieses Wissen von großer Bedeutung, denn es erleichtert das Lernen sehr. Lerntypen verändern sich im Laufe des Lebens nicht, es sei denn, ein Wahrnehmungskanal fällt infolge einer Verletzung oder Krankheit völlig aus. Wer als Grundschulkind Informationen schon am erfolgreichsten über das gemeinsame Gespräch aufgenommen hat, dem ist auch als Student die Kommunikation für das Lernen enorm wichtig.

Im Folgenden stelle ich Ihnen einige Methoden vor, die dem jeweiligen Lerntyp am besten entsprechen.

So lernt der auditive Typ am besten

Wenn sich herausgestellt hat, dass Ihr Kind zum auditiven Lerntypus gehört, liegt sein Wahrnehmungsschwerpunkt vorwiegend beim Hören. Lernstoff sollte ihm also möglichst oft über die Ohren präsentiert werden. Der auditive Lerntyp wird in der Schule gut bedient, denn nach wie vor ist ein Großteil der Unterrichtsstunden so gestaltet, dass der Lehrer spricht und die Schülerinnen und Schüler zuhören. Auch beim Lernen zu Hause, bei der Vorbereitung von Referaten, beim Auswendiglernen der Vokabeln und bei den Hausaufgaben sollte ein Kind vom auditiven Lerntyp die folgende Methoden bevorzugen:

- Nicht leise, sondern laut lesen, auf Betonung und Dynamik achten.
- Den Lernstoff auf eine Kassette oder ein anderes Aufnahmegerät sprechen und dann abhören.
- Beim Lernen laut mitsprechen.
- Sich von einem Partner abfragen lassen.
- Sich Informationen und wichtige Texte vorlesen lassen.
- Beim Auswendiglernen rhythmische Musik unterlegen.

So lernt der visuelle Typ am besten

Falls Ihr Kind zum visuellen Lerntypus gehört, nimmt es Informationen am besten über das Auge auf. Es behält Bilder viel besser als Worte, so dass Filme, Grafiken, Fotos und Illustrationen im Unterricht und zu Hause sich gut für die Vermittlung von Lernstoff eignen. Zur Darstellung umfangreicherer Inhalte sind beispielsweise Schaubilder oder Mindmaps hilfreich. Beim Lernen sollte Ihr Kind die folgende Methoden bevorzugen:

- Komplizierte Lerninhalte immer durch bunte Schaubilder visualisieren.
- Filme und Dokumentationen zu einem Thema im Fernsehen oder im Internet ansehen.
- Wichtige Textabschnitte mit Farbe markieren.
- Prüfungsfragen immer schriftlich aufarbeiten.
- Filme, Bilder, Dias und Grafiken ansehen.

- Schulhefte mit selbst gezeichneten Bildern gestalten.
- Lerninhalte genau beobachten, fotografieren oder nachzeichnen.
- Lernkarteien, Bücher, Skizzen, Lernposter, Flip Charts oder Mindmaps benutzen.

Timo ist in die fünfte Klasse gekommen und hat ein großes Pensum an Vokabeln zu bewältigen. Jeden zweiten Tag muss er zehn bis 15 Vokabeln lernen, die dann in einem Test abgefragt werden. Am liebsten lernt er abends mit seinem Vater. Die beiden machen es sich dann auf dem Sofa bequem und Timos Vater überprüft anhand des Buches, wie viele Vokabeln sich sein Sohn gemerkt hat. Das ist allerdings mühsam, denn Timo kann sich gesprochene Worte nicht sehr gut merken. Nach einem Tipp von Timos neuer Lehrerin, ändern die beiden ihre Methode. Ab sofort schreibt Timo die Vokabeln in unterschiedlichen Farben auf ein großes Plakat: Verben in Rot, Substantive in blau und Adjektive in grün. Bei besonders schwer zu merkenden Vokabeln malt er sogar ein kleines Bild dazu. Auf einmal geht das Lernen viel schneller und Timo kann sich die Vokabeln wesentlich besser merken.

So lernt der kommunikative Typ am besten

Reden und sich austauschen ist der beste Weg für Kinder vom kommunikativen Lerntyp, um sich Informationen zu merken. Bei lebhaften und regen Diskussionen im Klassenverband blühen sie auf, und Gruppenaufgaben machen ihnen großen Spaß. Lernen sollten solche Kinder am besten

- immer gemeinsam mit Klassenkameraden,
- indem sie den Lernstoff anderen Personen zu erklären versuchen,
- durch Diskussionen,
- im Chat oder per E-mail-Austausch im Internet.

So lernt der handlungsorientierte Typ am besten

Kinder vom handlungsorientierten Lerntypus tun sich mit den typischen Unterrichtsformen der Schule oft am schwersten. Sie möchten sich gern bewegen und ihre Erfahrungen mit dem ganzen Körper machen. Beim Lernen laufen sie im Zimmer umher und Informationen nehmen sie am besten durch direktes Tun auf. Das widerspricht häufig den Vorstellungen eines ruhigen und geordneten Unterrichts. Eine Ausnahme bildet der Projektunterricht, bei dem es in der Regel lebhaft und kommunikativ zugeht. Beim Lernen zu Hause sollte Ihr Kind die folgende Methoden bevorzugen:

- Zu jedem Lernstoff greifbares Material besorgen.
- Experimente durchführen.
- Maße und Längeneinheiten abschreiten.
- Lernspiele selbst erstellen und verwenden.
- Referate halten.
- Lerninhalte auf Karten notieren.
- Lernstoff wie ein Theaterstück vorspielen.
- Möglichst viel selber in Aktivität umsetzen.

Sarah muss das Einmaleins lernen und ist jetzt bei der Achter-Reihe angekommen. Die kann sie sich nur sehr schlecht merken. Gemeinsam mit ihrer Mutter entwickelt sie eine Lernmethode, die ihr hilft, die trockene Materie besser zu lernen. Sie malen mit Kreide zehn Quadrate auf die Straße und schreiben in jedes Kästchen eine Zahl der Achter-Reihe. Dann machen sie ein Hüpfspiel daraus. Sarah wirft einen Stein und beginnt in dem Kästchen, wo er gelandet ist. Von dort aus springt sie zu den folgenden Zeilen und spricht diese dabei immer laut aus. Nach kurzer Zeit beherrscht sie die Achter-Reihe perfekt.

Lerntyp und Begabungsbereich – wie hängt beides zusammen?

Verständlicherweise haben der bevorzugte Wahrnehmungskanal und das Talent eines Kindes viel miteinander zu tun. Wer sich gerne bewegt, weil er sportlich ist und die damit verbundenen Erfolgsgefühle genießt, der wird auch auf diese Weise am besten Informationen aufnehmen. Dieser bevorzugte Wahrnehmungskanal ist trainiert und daher meist „auf Sendung“ – das fördert die Motivation. Ein sozial-emotional begabter Schüler zum Beispiel, der sich für die Gefühle und Beziehungen anderer Menschen interessiert, viele Freunde hat und sich gerne in Gruppen bewegt, wird kommunikativ viel gefordert und beherrscht die Informationsaufnahme über diesen Kanal mit großer Wahrscheinlichkeit ebenfalls sehr gut.

Kombinierte Lerntypen

Für Lerntypen wie für Begabungsfelder gilt, dass bei vielen Kindern und Jugendlichen zwei oder mehr Lerntypen gleich stark ausgeprägt sind. Das ist sehr hilfreich, denn je aufnahmefähiger ein Schüler oder eine Schülerin ist, desto besser kann er oder sie sich Informationen merken. Die verschiedenen Netzwerke im Gehirn haben so mehr Verbindungspunkte, was bedeutet, dass neues Wissen durch die Verbindung mit bereits vorhandenen Informationen schneller und besser abgespeichert wird. Wer über eine hohe visuelle Wahrnehmungsfähigkeit verfügt und gleichzeitig sehr kommunikativ ist, der aktiviert zwei wichtige Eingangskanäle für Informationen. Über die Augen wird das Bild einer Information gespeichert und im Austausch mit anderen Personen werden die wichtigsten Details wiederholt und diskutiert. So werden unterschiedliche Aspekte der Information von verschiedenen Seiten beleuchtet und in Wiederholungsschleifen immer besser mit dem bereits vorhandenen Wissen verknüpft.

Hilfe, Informationsflut!
Wenn Reize nicht genügend gefiltert werden

Schwierig wird es, wenn ein Kind oder Jugendlicher in allen Wahrnehmungsbereichen sehr sensibel ist: Informationen werden dann nicht genügend gefiltert. Manchen Kindern fällt es enorm schwer, wichtige von unwichtigen Reizen zu trennen. Sie wenden sich jeder neuen Informationsquelle zu, so dass sie sich nicht lange auf ein Thema konzentrieren können und neue Informationen das bereits vorhandene Wissen rasch überlagern. Kinder mit einer Reizfilterschwäche sind auch für ihre Umgebung anstrengend, da sich ihre **Interessen ständig verändern**. Häufig sind sie **hochsensibel** und haben einen ausgeprägten Gerechtigkeitssinn. Wenn sie sich für ein Thema brennend interessieren, können sie ihre Umgebung ausblenden und sich stundenlang in die Materie vertiefen. Fordert man von ihnen allerdings, sich auf den Unterricht zu konzentrieren oder ungeliebte Aufgaben zu erledigen, so braucht man viel Geduld und gute Nerven: Kinder mit einer Reizfilterschwäche reagieren auf nahezu alles, was in die Nähe ihrer Wahrnehmungskanäle gerät. Was ihnen hilft ist eine konsequente und stark strukturierte Lernumgebung und eine Verhaltenstherapie, damit sie ihre Begabungen entdecken und ihre Fähigkeiten entfalten können.

Eine strukturierte Lernumgebung ist besonders bei den Hausaufgaben oder beim Lernen allgemein wichtig. Achten Sie darauf, dass Ihr Kind einen festen und störungsfreien Arbeitsplatz hat, dass es möglichst immer zur gleichen Zeit lernt und dass seine Materialien geordnet sind. Hunger und Durst oder Völlegefühl sind kontraproduktiv und lenken ab. Auch ein laufender Fernseher oder Freunde Ihres Kindes, die an der Haustür klingeln, sind wenig hilfreich, während es lernt.

Hoch- oder Sonderbegabung?

Das Thema Begabungen und Talente betrifft natürlich auch Kinder und Jugendliche, die mit ihren intellektuellen Möglichkeiten weit über dem Durchschnitt liegen und deren IQ den Wert von 125 bis 130 überschreitet. Das kann sich durch herausragende Leistungen in einem Begabungsbereich zeigen – dann handelt es sich um eine **Sonderbegabung** –, aber auch durch besonders hohe Fähigkeiten in allen Begabungsfeldern: dann spricht man von einer **Hochbegabung.**

Hochbegabten Kindern sieht man ihre Fähigkeiten nicht ohne weiteres an. Daher kommt es immer wieder vor, dass die besondere Begabung nicht erkannt und Kinder und Jugendliche durch ihr anstrengendes und auffälliges Verhalten in der Schule anecken.

Alles so langweilig hier! Hochbegabung und Schule

Die Schwierigkeiten von hochbegabten Kindern und Jugendlichen in der Schule können sehr unterschiedlich sein. Schüler und Schülerinnen mit einer **gleichmäßig ausgeprägten Hochbegabung**, sowohl im sprachlichen als auch im handlungsorientierten Bereich, fühlen sich oft rasch unterfordert. Sie langweilen sich bereits in der ersten Klasse und reagieren darauf entweder mit Rückzug oder mit besonders extravertiertem Verhalten, das von den Lehrkräften schnell als störend empfunden wird. So halten es manche Kinder einfach nicht aus, Fragen unbeantwortet zu lassen oder so lange zu warten, bis ein Klassenkamerad die richtige Antwort weiß. Sie rufen ihr Wissen ständig in den Unterricht hinein. Andere kapseln sich ab und beschäftigen sich mit unterrichtsfremden Themen oder schreiben auch schon einmal einen Text rückwärts ab, um die Langeweile zu vertreiben. Wenn Lehrkräfte den Grund für solche Verhaltensweisen nicht erkennen, regieren sie oft genervt. Ein Verweis folgt dem anderen und vermittelt dem betroffenen Kind, dass seine Fähigkeiten nichts wert sind. Bei diesen Kindern drohen seelische Beeinträchtigungen, denn ihr Selbstwertgefühl und ihr Selbstbewusstsein sind einer ständigen Belastungsprobe ausgesetzt.

Zeigt Ihr Kind eine **Sonderbegabung**, zum Beispiel im mathematisch-logischen Bereich, so kann es in den einschlägigen Schulfächern ohne Anstrengung sehr gute Leistungen erbringen. Ist es gleichzeitig im sprachlichen Bereich „nur" normal begabt, müsste es sich hier anstrengen, um ebenso gute Erfolge zu erzielen. Weil es jedoch gewohnt ist, dass ihm Lernen leichtfällt und es sich nicht besonders bemühen muss, bleibt die erforderliche Anstrengung oft aus und die Noten der nicht mit der Begabung verknüpften Fächer sind deutlich schlechter – eine Diskrepanz, die sich zunächst einmal niemand erklären kann, am wenigsten das Kind selbst.

Ist Ihr Kind hochbegabt?

Aufgrund der ständig steigenden Lehrerknappheit und eines Schulsystems, das eher auf Lernschwächen als auf Stärken konzentriert ist, steckt die Hochbegabtenförderung in Deutschland noch in den Kinderschuhen. Dabei ist es gar nicht so schwierig, Anzeichen für eine außergewöhnliche Begabung schon bei Kleinkindern oder im Kindergarten zu erkennen. Oft weist schon das Verhalten in den ersten Lebensjahren auf die besonderen Fähigkeiten von hochbegabten Kindern hin. Wenn Ihr Kind die folgenden Merkmale zeigt, ist es möglicherweise hochbegabt.

Checkliste Hochbegabung

	Ja
Hat Ihr Kind früh mit dem Laufen begonnen?	
Hat Ihr Kind früh gesprochen?	
Haben Sie das Gefühl, dass ihr Kind gegenüber Gleichaltrigen Entwicklungsvorsprünge hat?	
Zeigt Ihr Kind ungewöhnliche Fähigkeiten?	
Kann Ihr Kind sich für sein Alter sehr gut ausdrücken?	
Wundern Sie sich manchmal über den umfangreichen Wortschatz Ihres Kindes?	
Stellt Ihr Kind viele Fragen?	
Haben Sie manchmal das Gefühl, an Ihrem Kind wäre ein kleiner Philosoph verloren gegangen?	
Langweilt Ihr Kind sich schnell?	
Sind Sie ständig damit beschäftigt, Ihr Kind zu unterhalten?	
Erledigt es Aufgaben schnell?	
Bekommt Ihr Kind Wutanfälle, wenn ihm Dinge nicht gelingen?	
Stellt es hohe Anforderungen an sein Können?	
Ist es ungeduldig mit sich selbst?	
Möchte Ihr Kind mehr können, Dinge besser machen?	
Kann / konnte Ihr Kind verhältnismäßig früh lesen?	
Liest Ihr Kind Bücher, die eigentlich für ältere Kinder bestimmt sind?	
Haben Sie das Gefühl, Ihr Kind hält Beschäftigungen länger als andere Kinder durch?	
Schläft Ihr Kind wenig?	

	Ja
Ist Ihr Kind anstrengender als andere?	
Hat Ihr Kind eine sehr genaue Beobachtungsgabe?	
Ist Ihr Kind in Gruppen dominant, weil es alles besser weiß und schneller macht?	
Übernimmt es gerne die Führungsposition bei Gruppenbeschäftigungen?	
Wirkt Ihr Kind oft wie ein kleiner Erwachsener?	
Wird Ihr Kind manchmal von anderen ausgegrenzt, weil es sich nicht konform verhält?	
Macht Ihr Kind manchmal absichtlich Fehler, um gegenüber Gleichaltrigen als „normal" zu erscheinen, besonders in der Schule?	
Ist Ihr Kind eher sensibel?	
Zieht Ihr Kind es oft vor, mit Älteren zu spielen?	
Würden Sie Ihr Kind als ausgesprochen interessiert an allem und jedem bezeichnen?	
Wurden Sie von Freunden, Bekannten oder Lehrkräften schon öfter darauf angesprochen, dass ihr Kind besondere Leistungen erbracht hat?	

Je mehr dieser Fragen Sie mit einem eindeutigen Ja beantworten können, desto größer ist die Wahrscheinlichkeit, dass Ihr Kind nicht nur normal, sondern außergewöhnlich begabt ist. Mit Sicherheit kann dies jedoch nur durch einen wissenschaftlich anerkannten Intelligenztest festgestellt werden. Solange Ihr Kind einen glücklichen und zufriedenen Eindruck macht und weder in Kindergarten noch Schule Probleme hat, besteht für einen Intelligenztest keine Notwendigkeit. Wichtig ist nur, dass Sie die Interessen Ihres Kindes unterstützen, es durch vielfältige Anregungen fördern und es in seiner Entwicklung und seinem Wissensdurst nicht bremsen.

Sonderbegabungen: So erkennen Sie, ob Ihr Kind musikalisch besonders talentiert ist

Sonderbegabungen zeigen sich durch herausragende Leistungen oder Kenntnisse in speziellen Bereichen, beispielsweise in der Musik. Auch sie können sich nur entwickeln, wenn ein Kind die Möglichkeit bekommt, sein außergewöhnliches Talent zu entfalten und gleichzeitig auch Interesse und Spaß daran findet, sich um einen Lernfortschritt zu bemühen. Ohne die Möglichkeit sich musikalisch auszudrücken und den Willen, das Talent auszubauen, bleibt die Sonderbegabung ohne weitere Auswirkungen.

Ungewöhnlich hohes Potential in einem Lebensbereich zeigt sich bei Kindern schon früh. Im Bereich der Musik könnte das so aussehen:

Checkliste Sonderbegabung Musik

	ja	nein
Hat Ihr Kind ein starkes Bedürfnis nach Musik?		
Besucht oder hört Ihr Kind auch für sein Alter ungewöhnliche Konzerte?		
Fällt es Ihrem Kind leicht, Lieder richtig nachzusingen?		
Konnte es bereits im Vorschulalter sehr viele verschiedene Lieder singen?		
Zeigt Ihr Kind beim Erlernen eines Instruments großes motorisches Geschick?		
Hat es eine hohe Motivation, sich mit Musik zu beschäftigen?		
Hat es einen für seine Altersstufe ungewöhnlichen Musikgeschmack?		
Interessiert es sich auch für schwierige, komplexe Musik?		
Zeigt Ihr Kind eine große Bereitschaft und Ausdauer, sich beim Lernen eines Instruments anzustrengen?		
Ist es sehr kreativ im Erfinden und Nachspielen von Musik?		
Hat Ihr Kind großes Interesse an Musik und möchte viel darüber wissen?		

Haben Sie hier mehr als die Hälfte der Fragen mit einem eindeutigen Ja beantworten können, sollten Sie Ihrem Kind eine musikalische Förderung ermöglichen, falls es daran Interesse zeigt. Sein musikalisches Potenzial ist hoch, und möglicherweise ist hier eine Sonderbegabung verborgen. Zwingen Sie Ihr Kind jedoch niemals über einen längeren Zeitraum dazu, sich mit einem Instrument oder dem Gesang zu beschäftigen. Üben ist zwar wichtig, wenn Ihr Kind es jedoch vehement ablehnt und nur unter Zwang dazu zu bewegen ist, verliert es seine Motivation. Ohne Spaß am Lernen wird es sein Talent dann nur mechanisch einsetzen, nicht aber außergewöhnliche und kreative Leistungen damit erbringen können.

Wann ist ein Intelligenztest sinnvoll?

Falls Sie Ihr Kind für besonders intelligent und talentiert, für ausgesprochen wach, kreativ und neugierig halten, sich diese Begabungen aber nicht in den schulischen Noten widerspiegeln, ist ein Intelligenztest durchaus sinnvoll. Auch wenn Ihr Kind mit Gleichaltrigen Schwierigkeiten bekommt und im Freundeskreis oder der Schule ausgegrenzt wird, sollten Sie den Ursachen dafür unbedingt auf die Spur kommen. Wenden Sie sich in diesem Falle an die örtlichen Erziehungsberatungsstellen, den schulpsychologischen Dienst oder an erfahrene Psychologen und Pädagogen, die nach einem ausführlichen Gespräch mit Ihrem Kind den Test durchführen können. Gute Fachleute beraten Sie in einem abschließenden Gespräch über die Ergebnisse und beziehen in ihre Diagnose auch die Tagesform Ihres Kindes ein. Falls Sie die Ergebnisse anzweifeln, kann es durchaus sinnvoll sein, an anderer Stelle eine zweite Überprüfung zu veranlassen, um Auswertungs- oder Durchführungsfehler auszuschließen.

Hochbegabten Kindern gerecht werden

Ein hochbegabtes Kind zu haben, das aufgrund seiner Intelligenz niemals vor einem Leistungsversagen Angst haben muss, ist ein Grund zur Freude. Hochbegabte müssen möglichst früh lernen, dass sie ihr Leben lang den Normalbegabten immer ein wenig voraus sein werden. Gleichzeitig sollten ihr außergewöhnlicher Wissensdurst und ihre geistige Beweglichkeit befriedigt werden, damit keine dauerhaften Frustrationen entstehen.

Mit den folgenden außerschulischen Hobbies können Sie Ihr Kind gemäß seinen Begabungen und Interessen fördern. Wichtig ist dabei, dem schulischen Lerninhalt nicht vorzugreifen, um die Unterforderung im Unterricht nicht noch zu verstärken. Es kann:

- eine zusätzliche Sprache lernen,
- ein Musikinstrument lernen,
- ausgefallene Sportarten ausprobieren,
- einen Schachkurs belegen,
- Veranstaltungen einer Kinderuniversität besuchen,
- spezielle Feriencamps,
- Teilnahme an unterschiedlichen Wettbewerben, z. B. Jugend forscht.

So kann die Schule hochbegabte Kinder fördern

Einige Grundschulen und weiterführende Schulen haben sich intensiv auf die Förderung von hochbegabten Kindern eingestellt. Welche das sind, erfahren Sie aktuell über Ihr örtliches Schulamt.

Doch auch ganz normale Schulen haben Möglichkeiten, mit besonders talentierten Kindern pädagogisch richtig umzugehen. Wichtig ist dabei natürlich, dass die Begabung rechtzeitig erkannt wird. Mit den folgenden Modellen können Kinder gemäß ihren Begabungen und Interessen individuell gefördert werden.

Akzeleration

Bei der Akzeleration geht es darum, besonders begabten Kindern ein beschleunigtes Lernen zu ermöglichen. Dafür gibt es unterschiedliche Modelle. Zum einen ist die **vorzeitige Einschulung** möglich, die von den Eltern rechtzeitig bei der jeweiligen Schule beantragt werden muss. Inzwischen ist es kein Problem mehr, sondern sogar politisch erwünscht, Kinder bereits mit fünf Jahren einzuschulen. Dennoch entscheidet immer die einzelne Schule über die Aufnahme eines Kindes. Kinder können auch **einzelne Klassen überspringen** (auch beim Wechsel in die weiterführende

Schule), wenn die Schule dies für sinnvoll hält und die Lehrkräfte der nächsthöheren Klasse auf die entstehenden Wissenslücken sensibel eingehen und den Kindern ermöglichen, den versäumten Schulstoff nachzuholen. Es gibt auch die Möglichkeit, **nur einen Teil des regulären Unterrichts in der nächsthöheren Klassenstufe** mitzuverfolgen. Dies bietet sich speziell bei Sonderbegabungen an. Das Modell der **flexiblen Eingangsstufe** (Durchlaufen der ersten beiden Schuljahre in ein bis drei Jahren, je nach individuellem Vermögen), das in immer mehr Bundesländern praktiziert wird, ist auch für hochbegabte Kinder ein guter Einstieg in die Schule. Sie können die ersten beiden Schuljahre dabei problemlos in einem Jahr durchlaufen und anschließend in die dritte Klasse versetzt werden.

Enrichment

Unter der Bezeichnung Enrichment (Bereicherung) werden die Möglichkeiten des vertieften Lernens zusammengefasst, bei denen das Kind in der Klassengemeinschaft verbleibt. Hochbegabte Kinder werden beispielsweise durch individuelle Aufgabenstellungen ihren Leistungsmöglichkeiten entsprechend gefördert. Sie können zusätzliche Leistungskurse wählen, an bundes- und landesweiten Schülerwettbewerben teilnehmen oder Schüleraustauschprogramme nutzen. An manchen Schulen gibt es auch Kooperationen mit Universitäten und Wirtschaftsunternehmen, die älteren Schülern ermöglichen, parallel zum Schulbesuch schon ein Studium zu beginnen.

Mischformen

Es gibt Modelle, die die Merkmale von Akzeleration und Enrichment mischen und in denen hochbegabte Kinder sich wohlfühlen und adäquat gefördert werden. Dazu zählen beispielsweise Intensivkurse, Schulen mit zweisprachigen Zügen, altersgemischte Klassen und natürlich Spezialschulen oder Internate, die sich auf die Förderung von Hochbegabten spezialisiert haben.

Um herauszufinden, welche Form der Förderung für Ihr Kind die sinnvollste ist, sollten Sie sich von Fachleuten intensiv beraten lassen. Viele Fragen zum weitläufigen Thema Hochbegabung beantwortet die Deutsche Gesellschaft für das hochbegabte Kind (www.dghk.de).

Im Anhang finden Sie weitere Adressen, bei denen Sie sich beraten lassen können.

Zusammenfassung

Hochbegabte Kinder machen rund zwei Prozent der Gesamtbevölkerung aus und werden nicht immer erkannt. Die Begabung kann sich gleichmäßig verteilen oder auch als Sonderbegabung in einem bestimmten Bereich zeigen. Intelligenztests geben Aufschluss über die Verteilung der Fähigkeiten, sind aber nur notwendig, wenn sich Schwierigkeiten im Kindergarten oder in der Schule zeigen, die von einer ständigen Unterforderung des Kindes herrühren könnten.

Begabung und Lernschwächen

Rund fünf bis zehn Prozent aller Kinder leiden unter einer Lernschwäche, die sie bei ihrem schulischen und beruflichen Erfolg behindert. Solche Lernschwächen können das Begabungsprofil eines Kindes stark verfälschen. So kann es beispielsweise sein, dass ein sprachlich begabtes Kind durch eine Lese-Rechtschreib-Schwäche (Legasthenie) daran gehindert wird, seine fantasievollen und ausdrucksstarken Einfälle für Aufsätze und Geschichten korrekt zu Papier zu bringen. Trotz eines großen Interesses an Geschichten und Erzählungen wird ein leseschwaches Kind selten freiwillig zu einem Buch greifen. Das Lesen ist einfach zu mühsam.

Zu den häufigsten Lernschwächen gehören:

Lese-Rechtschreib-Schwäche oder Legasthenie

Diese Teilleistungsstörung ist weit verbreitet – in fast jeder Schulklasse findet sich mindestens ein betroffenes Kind. Durch unterschiedliche Ursachen ist dabei die Fähigkeit zum Erlernen der Schriftsprache erschwert. Betroffene Kinder haben entweder **Schwierigkeiten zu lesen**, oder es gelingt ihnen nicht oder nur mit großer Mühe, korrekt zu **schreiben**. Manchmal sind auch beide Fähigkeiten betroffen. Damit ein Kind mit dieser Teilleistungsstörung zurechtkommt, ist eine individuelle Förderung in der Schule und häufig auch zusätzlich durch erfahrene Lerntherapeuten notwendig.

Hat ein sprachlich begabtes Kind eine ausgeprägte Legasthenie, wird es sein sprachliches Talent nur schwer und nur mit intensiver Unterstützung entfalten können. Dabei geht es in erster Linie um die Motivation, die durch zahlreiche Misserfolge in den ersten Schuljahren sehr schnell verloren gehen kann. Hat ein Kind erst

einmal die Lust am Lesen und Schreiben verloren, ist es mühsam, die Motivation nach und nach wieder aufzubauen. Daher ist es für die betroffenen Kinder sehr wichtig, dass ihre Legasthenie früh erkannt wird, so dass sie angemessen gefördert werden können.

Rechenschwäche oder Dyskalkulie

Bei einer Rechenschwäche oder Dyskalkulie, die zur Zeit sehr intensiv erforscht und auch in immer mehr Bundesländern anerkannt und gefördert wird, handelt es sich um die Schwierigkeit, die abstrakte Welt der Zahlen zu begreifen. Betroffenen Kindern erschließt sich das **Konzept der Mathematik** nicht, nämlich dass Zahlen für bestimmte Mengen stehen. Anstatt zu rechnen, bleiben sie sehr lange beim reinen Zählen hängen, für das sie die Finger oder anderes Material benötigen, das sie in die Hände nehmen können. Rechenschwache Kinder verzählen sich oft um eins, machen Fehler in allen Grundrechenarten, haben Schwierigkeiten beim Zehner- oder Hunderter-Sprung und Probleme mit der Raum-Lagewahrnehmung (oben-unten, vorne-hinten). Auch diese Kinder können jedoch durchaus über eine logische Begabung verfügen und Zusammenhänge – abgesehen vom mathematischen Bereich – gut erkennen.

Allgemeine Lernschwäche

Kinder mit einer allgemeinen Lernschwäche oder Entwicklungsverzögerungen haben Auffassungs- und **Verständnisschwierigkeiten in fast allen Schulfächern**. Sie werden entweder später eingeschult oder besuchen einer Förderschule, wo sie gemäß ihrem Leistungsvermögen unterrichtet werden. Natürlich verfügen auch sie über ein Begabungspotenzial, das entdeckt und gefördert werden kann. Besonders wenn der schulische Erfolg ausbleibt, brauchen Kinder und Jugendliche einen Bereich, in dem sie Erfolgserlebnisse haben und der sie zufriedenstellt. Kinder mit einer allgemeinen Lernschwäche können beispielsweise eine hohe sozial-emotionale Begabung haben oder Sonderbegabungen im künstlerischen und praktischen Bereich. Damit ihre Talente entdeckt werden können, müssen sie ebenso vielfältige und abwechslungsreiche Anregungen erhalten wie andere Kinder. Gerade bei lernschwachen Schülerinnen und Schülern kann eine erkannte Begabung den Weg zu einer späteren Berufstätigkeit weisen.

Konzentrationsstörungen / ADS (Aufmerksamkeits-Defizit-Syndrom)

Unkonzentrierte und leicht ablenkbare Kinder haben meist eine Vielzahl von Interessen, denen sie jedoch kaum über einen längeren Zeitraum Aufmerksamkeit schenken können. Ihre Begabungen können sich nur schlecht entfalten, weil ihre **Aufmerksamkeitsspanne** nur für einen kurzen Zeitraum reicht. Obwohl sie oft sehr sensibel sind, Stimmungsschwankungen schnell erkennen und ein sicheres Gespür für die Gefühle anderer Menschen haben, ecken sie mit ihrem Verhalten immer wieder an. Damit sie ihre Fähigkeiten weiterentwickeln können, brauchen sie die Hilfe ihrer Eltern, des Freundeskreises und der Lehrerinnen und Lehrer. Viel Geduld und eine gute Portion emotionaler Abstand sind notwendig, um dem aufmerksamkeitsschwachen Kind zu helfen, sich über einen längeren Zeitraum konzentriert zu beschäftigen. Gelingt dies, bringen auch Kinder mit Konzentrationsstörungen in ihrem Begabungsbereich erstaunliche Ergebnisse.

Ist Ihr Kind ein „Spätzünder“?

Wenn Ihr Kind im oben vorgestellten Begabungstest und auch im Lerntyptest keinen Schwerpunkt feststellen konnte, ist das kein Anlass zur Sorge. Es gibt eine ganze Reihe von Menschen, die ihre besonderen Fähigkeiten erst in oder nach der Pubertät entdecken. Wahrscheinlich kommt Ihr Kind in allen Begabungsbereichen auf ein paar Übereinstimmungen und hat breit gestreute Interessen und verschiedene Hobbys. Vielleicht probiert es auch immer wieder etwas Neues aus, nur um festzustellen, dass das Richtige noch nicht dabei war. Kinder und Jugendliche haben ein eigenes Entwicklungstempo, das sich nicht nach Checklisten oder der Ratgeberliteratur richtet. Übertreiben Sie daher die Förderung nicht, bieten Sie Ihrem Kind weiterhin genügend Anregungen und haben sie Geduld mit ihm. Kinder sind kleine Persönlichkeiten, die früher oder später ihr ganz individuelles Profil entwickeln werden.

Bea (14 Jahre) ist ein waches und interessiertes Mädchen, das in seinem ganzen Leben noch kein Hobby länger als ein halbes Jahr ausgeübt hat. Etliche Sportarten hat sie ausprobiert, aber keine davon konnte sie über einen längeren Zeitraum begeistern. Obwohl sie gerne Musik hört, war ihr das Erlernen eines Instruments schnell zu langweilig. Im Malkurs hat sie einige fantasievolle Bilder produziert, dann aber das Interesse daran verloren. Als sie dann in der Zeitung las, dass die Stadt, in der sie wohnt, Jugendliche als Freizeit-Fremdenführer ausbilden möchte, war sie gleich Feuer und Flamme. Nach einem Einführungskurs ist sie nun begeisterte Wochenend-Fremdenführerin und plant bereits, nach der Schule eine Ausbildung in der Touristikbranche zu absolvieren. Der Umgang mit fremden Menschen und der Kultur anderer Länder ist genau das, womit sie sich dauerhaft beschäftigen möchte.

Zusammenfassung

Jedes Kind hat Begabungen und Fähigkeiten, auch wenn Entwicklungsstörungen oder Teilleistungsstörungen diese möglicherweise verdecken. Gerade bei Kindern und Jugendlichen mit einem Handicap ist es besonders wichtig, ihre Ressourcen zu entdecken und ihre Talente zu fördern. Das stärkt ihr Selbstbewusstsein und gibt ihnen die Kraft, sich im weiteren Leben zu behaupten.

Pubertät: Machen Begabungen jetzt Pause? Ein Ausblick

Wenn Kinder und Jugendliche sich auf den Weg machen, erwachsen zu werden, gerät manchmal das ganze bisherige Leben aus den Fugen. Ihre schulischen Leistungen können sich verschlechtern, der bisherige Freundeskreis auseinanderbrechen und die über Jahre ausgeübten Hobbys langweilig werden. Statt Sport und Spieleabenden mit den Eltern stehen jetzt Partys und das andere Geschlecht im Zentrum des Interesses. Diese abwechslungsreiche Zeit der Persönlichkeitsfindung kann aber auch ganz neue Begabungen zutage fördern. Durch den Einfluss eines neuen Freundeskreises bekommt Ihr Kind andere **Anregungen und Einblicke in bislang unbekannte Lebensbereiche.** Vielleicht beginnt der Sportmuffel jetzt Fußball zu spielen, weil die neuen Freunde das toll finden. Oder der erste Freund beziehungsweise die erste Freundin verwandeln Ihren Stubenhocker in einen begeisterten Fahrradfahrer oder Wanderer. War Musik bisher nicht so interessant, wird jetzt gerappt und gehiphopt, was das Zeug hält und natürlich spielen auch das Austesten der eigenen Grenzen und das Ausprobieren riskanter Verhaltensweisen bei vielen Jugendlichen eine Rolle.

Erst wenn diese Zeit des Umbruchs vorbei ist, zeigt sich, welche Veränderungen Ihr Kind durchgemacht und in welche Richtung es sich entwickelt hat.

Es ist durchaus möglich, dass Ihr Kind seine vorpubertären Interessen vollkommen verändert hat. Entweder hat es sich aus eigenem Antrieb heraus neuen Bereichen zugewendet und dabei eigene Talente entdeckt oder es orientiert sich an anderen Jugendlichen und deren Berufszielen. Die Umorientierung kann bis zum Abbrechen der Schullaufbahn und dem Einschlagen anderer Ausbildungswege reichen. In der Pubertät wird von Eltern eine beson-

ders sensible Gratwanderung erwartet. Sie müssen dem Jugendlichen ermöglichen seinen eigenen Weg zu gehen, ohne dabei Gefahr zu laufen, durch falsche Entscheidungen in einer Sackgasse zu landen. Diese sanfte Art der Führung erfordert viel Fingerspitzengefühl und Geduld. Die Familie sollte für den Jugendlichen in erster Linie der „Fels in der Brandung" sein und im Ernstfall, aber auch nur dann, lenkend eingreifen.

Schluss

Jedes Kind hat Begabungen und Talente, und es ist Aufgabe seiner Eltern, Lehrerinnen und Lehrer, ihre Entfaltung zu fördern und zu unterstützen. Bedingt durch eine sich immer schneller verändernde Umwelt kann heute niemand mehr sagen, welche Fähigkeiten in zehn oder 20 Jahren von unseren Kindern verlangt werden.

Sicher scheint nur, dass Flexibilität und eine gewisse Anpassungsgabe nicht schaden können, weil lebenslang ausgeübte Berufe immer seltener werden. Umso wichtiger ist es, dass Kinder und Jugendliche ein starkes Selbstbewusstsein entwickeln, Spaß am Lernen und der Weiterentwicklung ihrer Fähigkeiten bekommen, sowie ihr Leben selbstsicher und motiviert anpacken. Dies können sie aber nur **im Vertrauen auf ihre eigenen Stärken und positiven Ressourcen.** Arbeiten und Lernen müssen Spaß machen und Erfolgserlebnisse vermitteln, damit die bestmöglichen Ergebnisse erzielt werden. Fehler und Rückschläge müssen verkraftet werden können, was am besten mit liebevoller Unterstützung durch die Eltern gelingt.

Wenn Sie Ihrem Kind auf seinem weiteren Weg den Glauben an sich selbst und seine Begabungen, seine Einzigartigkeit und die Gewissheit des Rückhalts seiner Familie mitgeben, hat es optimale Startchancen in ein erfülltes und selbstbestimmtes Leben.

Ich wünsche Ihnen dabei viel Erfolg!

Literatur

Arbeitsgruppe „Früherkennung“ der Psychosozialen Arbeitsgemeinschaft (PSAG) Gelsenkirchen: Gelsenkirchener Entwicklungsbegleiter, Deutsche Gesellschaft für Verhaltenstherapie Tübingen, 2004

Begabte Kinder finden und fördern. Ein Ratgeber für Elternhaus und Schule: Bundesministerium für Bildung und Forschung, Prof. Dr. Holling, Dr. Franzis Preckel u. a., Referat Öffentlichkeitsarbeit, zu beziehen über das Bundesministerium (books@bmbf.bund.de; vgl. auch www.bmbf.de)

Klement, Karl: Beobachten lernen - Begabungen entdecken. LIT Verlag Münster, 2005

Lauster, Peter: Der Begabungstest. Econ Verlag München, 1996

Spitzer, Manfred: Lernen. Spektrum Akademischer Verlag Berlin, 2006

Reimann-Höhn, Uta: Stark von Anfang an. Verlag Herder Freiburg, 2006

Reimann-Höhn, Uta: Lernen - mit Spaß und ohne Stress. Verlag Herder Freiburg, 2003

Im Internet

www.lernen-und-foerdern.com
Lernen und Fördern mit Spaß. Elternberatung von der Einschulung bis zur Pubertät. FID Verlag Bonn.

www.mensa.de
Informationen zu Hochbegabung sowie Intelligenztests und -spiele.

www.familienhandbuch.de
Verschiedene Beiträge zu Begabung und Intelligenz.

www.lernfoerderung.de
Informationen und Tipps bei Lernproblemen.

Österreich

www.begabtenzentrum.at

www.bmbwk.gr.at
(Bundesministerium für Bildung, Wissenschaft und Kultur)

Schweiz

www.begabungsfoerderung.ch /
Netzwerk Begabungsförderung für die deutschsprachige Schweiz für alle, die sich beruflich oder als Eltern mit der Thematik auseinandersetzen.